老科学家学术成长资料采集工程丛书

色瓣探微
——**振黄**传

张雪永 雷斌 韩锋 ◎ 著

1920年	1942年	1949年	1953年	1979年	1982年	1983年	2018年
生于山西省五台县	毕业于国立中央大学	任长春光机所第四研究室主任	任四川大学工学院院长	任成都科技大学工程力学系首任系主任	任成都科技大学副校长	任四川省副省长	逝世于成都

老科学家学术成长资料采集工程丛书

心瓣探微
康振黄传

张雪永 雷斌 韩锋 ◎著

中国科学技术出版社
上海交通大学出版社

图书在版编目（CIP）数据

心瓣探微：康振黄传 / 张雪永，雷斌，韩锋著 . —— 北京：中国科学技术出版社，2020.6

（老科学家学术成长资料采集工程丛书）

ISBN 978-7-5046-8458-5

Ⅰ. ①心… Ⅱ. ①张…②雷…③韩… Ⅲ. ①康振黄－传记 Ⅳ. ① K826.11

中国版本图书馆 CIP 数据核字（2019）第 250250 号

责任编辑	余 君
责任校对	焦 宁
责任印制	李晓霖
版式设计	中文天地

出　　版	中国科学技术出版社　上海交通大学出版社
发　　行	中国科学技术出版社有限公司发行部
地　　址	北京市海淀区中关村南大街 16 号
邮　　编	100081
发行电话	010-62173865
传　　真	010-62173081
网　　址	http://www.cspbooks.com.cn

开　　本	787mm×1092mm　1/16
字　　数	220 千字
印　　张	14.5
彩　　插	2
版　　次	2020 年 6 月第 1 版
印　　次	2020 年 6 月第 1 次印刷
印　　刷	北京华联印刷有限公司
书　　号	ISBN 978-7-5046-8458-5 / K・274
定　　价	75.00 元

（凡购买本社图书，如有缺页、倒页、脱页者，本社发行部负责调换）

老科学家学术成长资料采集工程
领导小组专家委员会

主　任：韩启德
委　员：（以姓氏拼音为序）
陈佳洱　方　新　傅志寰　李静海　刘　旭
齐　让　王礼恒　徐延豪　赵沁平

老科学家学术成长资料采集工程
丛书组织机构

特邀顾问（以姓氏拼音为序）
樊洪业　方　新　谢克昌

编委会
主　编：老科学家学术成长资料采集工程领导小组办公室
编　委：（以姓氏拼音为序）
定宜庄　董庆九　郭　哲　胡宗刚　胡化凯
刘晓堪　吕瑞花　秦德继　任福君　王扬宗
熊卫民　姚　力　张大庆　张　藜　张　剑
周大亚　周德进

编委会办公室
主　任：孟令耘　杨志宏
副主任：许　慧　刘佩英
成　员：（以姓氏拼音为序）
冯　勤　高文静　韩　颖　李　梅　刘如溪
罗兴波　王传超　余　君　张佳静

老科学家学术成长资料采集工程简介

  老科学家学术成长资料采集工程（以下简称"采集工程"）是根据国务院领导同志的指示精神，由国家科教领导小组于2010年正式启动，中国科协牵头，联合中组部、教育部、科技部、工信部、财政部、文化部、国资委、解放军总政治部、中国科学院、中国工程院、国家自然科学基金委员会等11部委共同实施的一项抢救性工程，旨在通过实物采集、口述访谈、录音录像等方法，把反映老科学家学术成长历程的关键事件、重要节点、师承关系等各方面的资料保存下来，为深入研究科技人才成长规律，宣传优秀科技人物提供第一手资料和原始素材。

  采集工程是一项开创性工作。为确保采集工作规范科学，启动之初即成立了由中国科协主要领导任组长、12个部委分管领导任成员的领导小组，负责采集工程的宏观指导和重要政策措施制定，同时成立领导小组专家委员会负责采集原则确定、采集名单审定和学术咨询，委托科学史学者承担学术指导与组织工作，建立专门的馆藏基地确保采集资料的永久性收藏和提供使用，并研究制定了《采集工作流程》《采集工作规范》等一系列基础文件，作为采集人员的工作指南。截至2016年6月，已启动400多位老科学家的学术成长资料采集工作，获得手稿、书信等实物原件资料73968件，数字化资料178326件，视频资料4037小时，音频资料4963小时，具有重要的史料价值。

采集工程的成果目前主要有三种体现形式，一是建设"中国科学家博物馆网络版"，提供学术研究和弘扬科学精神、宣传科学家之用；二是编辑制作科学家专题资料片系列，以视频形式播出；三是研究撰写客观反映老科学家学术成长经历的研究报告，以学术传记的形式，与中国科学院、中国工程院联合出版。随着采集工程的不断拓展和深入，将有更多形式的采集成果问世，为社会公众了解老科学家的感人事迹，探索科技人才成长规律，研究中国科技事业的发展历程提供客观翔实的史料支撑。

总序一

中国科学技术协会主席 韩启德

老科学家是共和国建设的重要参与者,也是新中国科技发展历史的亲历者和见证者,他们的学术成长历程生动反映了近现代中国科技事业与科技教育的进展,本身就是新中国科技发展历史的重要组成部分。针对近年来老科学家相继辞世、学术成长资料大量散失的突出问题,中国科协于2009年向国务院提出抢救老科学家学术成长资料的建议,受到国务院领导同志的高度重视和充分肯定,并明确责成中国科协牵头,联合相关部门共同组织实施。根据国务院批复的《老科学家学术成长资料采集工程实施方案》,中国科协联合中组部、教育部、科技部、工业和信息化部、财政部、文化部、国资委、解放军总政治部、中国科学院、中国工程院、国家自然科学基金委员会等11部委共同组成领导小组,从2010年开始组织实施老科学家学术成长资料采集工程。

老科学家学术成长资料采集是一项系统工程,通过文献与口述资料的搜集和整理、录音录像、实物采集等形式,把反映老科学家求学历程、师承关系、科研活动、学术成就等学术成长中关键节点和重要事件的口述资料、实物资料和音像资料完整系统地保存下来,对于充实新中国科技发展的历史文献,理清我国科技界学术传承脉络,探索我国科技发展规律和科技人才成长规律,弘扬我国科技工作者求真务实、无私奉献的精神,在全社会营造爱科学、学科学、用科学的良好氛围，是一件很有意义的事情。采集工程把重点放在年龄在80岁以上、学术成长经历丰富的两院院士，以及虽然不是两院院士、但在我国科技事业发展中作出突出贡献的老科技工作者，充分体现了党和国家对老科学家的关心和爱护。

自2010年启动实施以来，采集工程以对历史负责、对国家负责、对科技事业负责的精神，开展了一系列工作，获得大量反映老科学家学术成长历程的文字资料、实物资料和音视频资料，其中有一些资料具有很高的史料价值和学术价值，弥足珍贵。

以传记丛书的形式把采集工程的成果展现给社会公众，是采集工程的目标之一，也是社会各界的共同期待。在我看来，这些传记丛书大都是在充分挖掘档案和书信等各种文献资料、与口述访谈相互印证校核、严密考证的基础之上形成的，内中还有许多很有价值的照片、手稿影印件等珍贵图片，基本做到了图文并茂，语言生动，既体现了历史的鲜活，又立体化地刻画了人物，较好地实现了真实性、专业性、可读性的有机统一。通过这套传记丛书，学者能够获得更加丰富扎实的文献依据，公众能够更加系统深入地了解老一辈科学家的成就、贡献、经历和品格，青少年可以更真实地了解科学家、了解科技活动，进而充分激发对科学家职业的浓厚兴趣。

借此机会，向所有接受采集的老科学家及其亲属朋友，向参与采集工程的工作人员和单位，表示衷心感谢。真诚希望这套丛书能够得到学术界的认可和读者的喜爱，希望采集工程能够得到更广泛的关注和支持。我期待并相信，随着时间的流逝，采集工程的成果将以更加丰富多样的形式呈现给社会公众，采集工程的意义也将越来越彰显于天下。

是为序。

总序二

中国科学院院长　白春礼

  由国家科教领导小组直接启动，中国科学技术协会和中国科学院等12个部门和单位共同组织实施的老科学家学术成长资料采集工程，是国务院交办的一项重要任务，也是中国科技界的一件大事。值此采集工程传记丛书出版之际，我向采集工程的顺利实施表示热烈祝贺，向参与采集工程的老科学家和工作人员表示衷心感谢！

  按照国务院批准实施的《老科学家学术成长资料采集工程实施方案》，开展这一工作的主要目的就是要通过录音录像、实物采集等多种方式，把反映老科学家学术成长历史的重要资料保存下来，丰富新中国科技发展的历史资料，推动形成新中国的学术传统，激发科技工作者的创新热情和创造活力，在全社会营造爱科学、学科学、用科学的良好氛围。通过实施采集工程，系统搜集、整理反映这些老科学家学术成长历程的关键事件、重要节点、学术传承关系等的各类文献、实物和音视频资料，并结合不同时期的社会发展和国际相关学科领域的发展背景加以梳理和研究，不仅有利于深入了解新中国科学发展的进程特别是老科学家所在学科的发展脉络，而且有利于发现老科学家成长成才中的关键人物、关键事件、关键因素，探索和把握高层次人才培养规律和创新人才成长规律，更有利于理清我国科技界学术传承脉络，深入了解我国科学传统的形成过程，在全社会范围内宣传弘扬老科学家的科学思想、卓越贡献和高尚品质，推动社会主义科学文化和创新文化建设。从这个意义上说，采集工程不仅是一项文化工程，更是一项严肃认真的学术建设工作。

中国科学院是科技事业的国家队，也是凝聚和团结广大院士的大家庭。早在1955年，中国科学院选举产生了第一批学部委员，1993年国务院决定中国科学院学部委员改称中国科学院院士。半个多世纪以来，从学部委员到院士，经历了一个艰难的制度化进程，在我国科学事业发展史上书写了浓墨重彩的一笔。在目前已接受采集的老科学家中，有很大一部分即是上个世纪80、90年代当选的中国科学院学部委员、院士，其中既有学科领域的奠基人和开拓者，也有作出过重大科学成就的著名科学家，更有毕生在专门学科领域默默耕耘的一流学者。作为声誉卓著的学术带头人，他们以发展科技、服务国家、造福人民为己任，求真务实、开拓创新，为我国经济建设、社会发展、科技进步和国家安全作出了重要贡献；作为杰出的科学教育家，他们着力培养、大力提携青年人才，在弘扬科学精神、倡树科学理念方面书写了可歌可泣的光辉篇章。他们的学术成就和成长经历既是新中国科技发展的一个缩影，也是国家和社会的宝贵财富。通过采集工程为老科学家树碑立传，不仅对老科学家们的成就和贡献是一份肯定和安慰，也使我们多年的夙愿得偿！

鲁迅说过，"跨过那站着的前人"。过去的辉煌历史是老一辈科学家铸就的，新的历史篇章需要我们来谱写。衷心希望广大科技工作者能够通过"采集工程"的这套老科学家传记丛书和院士丛书等类似著作，深入具体地了解和学习老一辈科学家学术成长历程中的感人事迹和优秀品质；继承和弘扬老一辈科学家求真务实、勇于创新的科学精神，不畏艰险、勇攀高峰的探索精神，团结协作、淡泊名利的团队精神，报效祖国、服务社会的奉献精神，在推动科技发展和创新型国家建设的广阔道路上取得更辉煌的成绩。

总序三

中国工程院院长 周 济

由中国科协联合相关部门共同组织实施的老科学家学术成长资料采集工程，是一项经国务院批准开展的弘扬老一辈科技专家崇高精神、加强科学道德建设的重要工作，也是我国科技界的共同责任。中国工程院作为采集工程领导小组的成员单位，能够直接参与此项工作，深感责任重大、意义非凡。

在新的历史时期，科学技术作为第一生产力，已经日益成为经济社会发展的主要驱动力。科技工作者作为先进生产力的开拓者和先进文化的传播者，在推动科学技术进步和科技事业发展方面发挥着关键的决定的作用。

新中国成立以来，特别是改革开放30多年来，我们国家的工程科技取得了伟大的历史性成就，为祖国的现代化事业作出了巨大的历史性贡献。两弹一星、三峡工程、高速铁路、载人航天、杂交水稻、载人深潜、超级计算机……一项项重大工程为社会主义事业的蓬勃发展和祖国富强书写了浓墨重彩的篇章。

这些伟大的重大工程成就，凝聚和倾注了以钱学森、朱光亚、周光召、侯祥麟、袁隆平等为代表的一代又一代科技专家们的心血和智慧。他们克服重重困难，攻克无数技术难关，潜心开展科技研究，致力推动创新发展，为实现我国工程科技水平大幅提升和国家综合实力显著增强作出了杰出贡献。他们热爱祖国，忠于人民，自觉把个人事业融入到国家建设大局之中，为实现国家富强而不断奋斗；他们求真务实，勇于创新，用科技为中华民族的伟大复兴铸就了辉煌；他们治学严谨，鞠躬尽瘁，具有崇高的科学精神和科学道德，是我们后代学习的楷模。科学家们的一生是一本珍贵的教科书，他们坚定的理想信念和淡泊名利的崇高品格是中华民族自强不息精神的宝贵财富，永远值得后人铭记和敬仰。

通过实施采集工程，把反映老科学家学术成长经历的重要文字资料、实物资料和音像资料保存下来，把他们卓越的技术成就和可贵的精神品质记录下来，并编辑出版他们的学术传记，对于进一步宣传他们为我国科技发展和民族进步作出的不朽功勋，引导青年科技工作者学习继承他们的可贵精神和优秀品质，不断攀登世界科技高峰，推动在全社会弘扬科学精神，营造爱科学、讲科学、学科学、用科学的良好氛围，无疑有着十分重要的意义。

中国工程院是我国工程科技界的最高荣誉性、咨询性学术机构，集中了一大批成就卓著、德高望重的老科技专家。以各种形式把他们的学术成长经历留存下来，为后人提供启迪，为社会提供借鉴，为共和国的科技发展留下一份珍贵资料。这是我们的愿望和责任，也是科技界和全社会的共同期待。

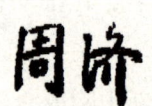

周济

康振黄
（1920—2018）

采访樊瑜波（2016 年 11 月）

采访蒋武、徐维权（2016 年 10 月）

目 录

老科学家学术成长资料采集工程简介

总序一 ··· 韩启德

总序二 ··· 白春礼

总序三 ··· 周 济

导 言 ··· 1

| 第一章 | 革命世家 ······························ 11

　　五台康家 ··· 11
　　太原求学 ··· 14

| 第二章 | 立志航空救国 ······························ 17

　　遭逢抗战　辗转流离 ··· 17
　　中央大学　学习航空 ··· 18
　　学术研究　崭露头角 ··· 21

第三章　赴美深造 ………………………………………………… 23

变卖祖屋　负笈海外 …………………………………………… 23
纽约大学　刻苦深造 …………………………………………… 24

第四章　投身新中国建设 ………………………………………… 27

学成归国 ………………………………………………………… 27
培养航空事业人才 ……………………………………………… 28

第五章　从事传统力学的教学与科研 …………………………… 31

参与筹建成都工学院 …………………………………………… 31
继续从事空气动力学研究 ……………………………………… 32
转向工程流体力学研究 ………………………………………… 34

第六章　开辟生物力学研究新领域 ……………………………… 43

对接国际新科学　转向生物力学研究 ………………………… 44
组建联合团队　创新研究运行机制 …………………………… 54
明确主攻方向　取得三大成果 ………………………………… 59
成就卓著　跻身国际一流 ……………………………………… 85
多年从事研究工作的体会 ……………………………………… 97

第七章　生物力学学科建设与研究生培养 ……………………… 99

推动我国生物力学学科的发展 ………………………………… 99
精心培养研究生 ………………………………………………… 101

第八章　领导四川科教事业 ……………………………………… 112

开拓四川科教事业的发展 ……………………………………… 112
推动四川科教文卫领域立法与监督 …………………………… 132

创新四川科技人才培养和科普工作方式 …………………… 141
　　主政四川民盟的建设与发展 …………………………………… 147

| 第九章 | 老骥伏枥 ………………………………………… 152

　　继续科学研究工作 ……………………………………………… 152
　　关心科技、教育事业 …………………………………………… 155

| 第十章 | 家庭生活 ………………………………………… 158

　　和谐家庭 ………………………………………………………… 158
　　重做事　淡名利 ………………………………………………… 165
　　追求进步 ………………………………………………………… 168
　　酷爱读书 ………………………………………………………… 170

结　语 ……………………………………………………………… 175

附录一　康振黄年表 ……………………………………………… 184

附录二　主要著作目录 …………………………………………… 206

参考文献 …………………………………………………………… 210

后　记 ……………………………………………………………… 211

图片目录

图导-1　康振黄出席中日美第二次生物力学国际学术会议……………2
图导-2　成都科技大学中层干部合影………………………………………3
图1-1　山西五台五级村康振黄老家祖屋…………………………………12
图1-2　康振黄与母亲及家人合影…………………………………………13
图1-3　与从小相依为命的妹妹康振华……………………………………13
图1-4　太原师范附属小学…………………………………………………14
图1-5　附属小学校训："好学力行知耻"…………………………………15
图1-6　太原平民中学旧址…………………………………………………15
图1-7　太原平民中学部分创办人合影……………………………………16
图2-1　原中央大学（重庆）松林坡旧址…………………………………19
图2-2　康振黄国立中央大学学籍表………………………………………20
图4-1　四川大学……………………………………………………………30
图5-1　康振黄在学习………………………………………………………32
图5-2　康振黄与工人一起研究涡流转速传感器…………………………36
图5-3　康振黄与工人一起研究机车调速器………………………………37
图5-4　成都工学院射流学习班合影………………………………………38
图5-5　新型烧毛机火口图片………………………………………………40
图6-1　康振黄在家中………………………………………………………43
图6-2　出席在德国举行的第五届欧洲生物力学学会学术大会期间与冯元桢合影……………………………………………………………45
图6-3　美国著名生物力学专家毛昭宪访问成都科技大学………………47
图6-4　康振黄接待美国生物力学专家黄焕常参观实验室………………48
图6-5　美国著名生物力学专家卡克尔在成都科技大学讲学……………49
图6-6　参观美国 Jack Lewis 实验室………………………………………51
图6-7　访问美国 Vermont 大学脊柱研究实验室…………………………52

图6-8	出席首届世界生物医学工程与医学物理学大会	53
图6-9	出席在日本举办的第三届世界生物力学大会与同事袁支润留影	57
图6-10	康振黄在生物力学实验室与研究团队成员探讨	66
图6-11	康振黄在生物力学工程实验室与同事们研究	66
图6-12	康振黄团队研制的人工心脏瓣膜	69
图6-13	康振黄与同事在自行设计制造的心瓣流体力学试验台前	69
图6-14	康振黄在实验室	70
图6-15	康振黄团队研制的心瓣流体力学试验台	74
图6-16	心瓣流体力学系统实验设备	75
图6-17	血液流体动力学试验波动	76
图6-18	人工心瓣质量标准审定会	79
图6-19	第五届四川省生物医学工程学会理事会暨学术交流会	84
图6-20	在北京举行的国际流体力学会议上与毛昭宪合影	87
图6-21	康振黄	89
图6-22	出席第二届全国流体力学学术会议留影	90
图6-23	国际生物力学学术会议指导委员会委员合影	93
图6-24	冯元桢致康振黄的书信	94
图7-1	康振黄给学生上课	99
图7-2	康振黄与研究生讨论问题	105
图7-3	康振黄参加四川大学硕博论文答辩会	106
图7-4	康振黄指导的博士生樊瑜波论文答辩获得通过	108
图8-1	康振黄参观西南交通大学九十周年校庆展览馆	117
图8-2	四川省首届青年科技奖获奖青年科技人员留影	119
图8-3	与生物技术领导小组办公室主任吴春旭合影	120
图8-4	康振黄与四川的院士们一起	126
图8-5	康振黄与成都地区高校卫生保健协作组成员合影	128
图8-6	康振黄赴基层检查狂犬病防疫工作	129
图8-7	康振黄出席少数民族爱心捐赠仪式	130
图8-8	康振黄接见青少年运动员	131
图8-9	康振黄出席江油张大千纪念馆奠基典礼	132
图8-10	康振黄在省人大办公室工作	133

图 8-11	康振黄出席第七届全国人大四次会议四川代表合影	134
图 8-12	《四川画报》记者在办公室采访康振黄	136
图 8-13	四川省第八届人大常委会成员合影	137
图 8-14	康振黄在省政府接待日本访问团	140
图 8-15	康振黄与省科协同事一起	142
图 8-16	康振黄出席青少年爱科学夏令营开营式	143
图 8-17	康振黄参加青年学科带头人资助评审会	144
图 8-18	康振黄会见日本青年访华团	147
图 8-19	康振黄与费孝通一起视察凉山少数民族地区	148
图 8-20	康振黄与出席全国民盟八大的四川代表合影	149
图 8-21	康振黄在达州基层民盟视察	150
图 8-22	康振黄视察凉山大学	150
图 8-23	康振黄下基层调研与西南交通大学民盟盟员合影	151
图 9-1	康振黄在日本参观生物力学实验室	153
图 9-2	康振黄纽约科学院院士证书	154
图 10-1	康振黄的五名子女	159
图 10-2	康振黄与家人	160
图 10-3	康振黄与子孙们一起	161
图 10-4	天伦之乐	162
图 10-5	康振黄与家人一起	166
图 10-6	康振黄被批准为中共预备党员后与支部同志留影	169
图 10-7	康振黄在古读书台留影	171
图 10-8	康振黄题词	172

导言

　　工程流体力学家、生物力学家、力学教育家康振黄，是我国早期生物力学研究的开拓者之一。他在生物力学领域的主要成就是推动我国生物力学研究的发展，带领团队跻身国际一流水平；对心脏瓣膜研究的三大具有开拓性的成果，即在国际上首次创立心脏瓣膜流体动力学新学科，提出双叶翼型人工心脏瓣膜的设计思想和原理以及据此研制成功人工心脏瓣膜，提出新的人体心脏瓣膜的关闭理论及研制成功"血液体循环系统模拟装置"。他是我国首届生物力学专业委员会主任委员，是中国大陆在世界生物力学大会指导委员会二十三名委员中的第一位委员。

　　康振黄，1920年6月1日出生于山西省五台县东冶镇五级村。1942年中央大学①航空工程专业毕业。工作了五年之后，1947年考入美国纽约大学研究院航空工程专业攻读硕士学位。1949年毕业后回到祖国。先后受聘重庆大学副教授，西南工业专科学校教授、航空科主任。1952年全国高校院系调整，康振黄调到四川大学，任工学院院长、教授。工学院独立后，与四川工业学院合并，组建成都工学院，他先后任教务长、工程力学系系主任等职，同时从事流体力学、工程力学等方面的教学、研究工作。

---

① 1949年8月定名为国立南京大学，1950年定名为南京大学。1952年全国高校院系调整时，南京大学包含航空工程专业的工学院调出，另组建南京工学院，后更名为东南大学。

1978年国家实行改革开放以后，国外新的研究领域和研究成果不断传递进来，时已年近六旬的康振黄壮心勃发，十分珍惜这来之不易的大好机遇，决心把过去耽误的时间抢回来。他潜心研究和思考国际最前沿的研究领域和方向，把眼光定格在不同学科之间的交叉与融合的新学科，瞄准了国际上刚刚兴起的生物力学这个边缘学科。他对同事们说，我们就去找那个世界前沿的，人家没有解决或正在解决的，我们就搞这个，不能去跟着人家的后面走。

选准了研究方向以后，康振黄采取了在当时非同寻常、具有开拓性的举措来推动这门学科在中国的研究与发展。他组织开展科研攻关，靠事业凝聚人心，在队伍的组建上，自愿组合，来去自由。在校内，他与高分子材料、化学工程、电子技术系实行了跨系、跨学科的横向联合。在校际之间，他联合四川省内的大学、研究所，进行联合攻关。在人工心脏瓣膜的研制过程中，为了更加精确地模拟天然心瓣，康振黄对心脏瓣膜流体动力学进行了研究；而对于该学科的研究成果，又反过来促使、启发他发现、找到了认识心瓣的规律，构成了康振黄对心脏瓣膜研究的三大具有开拓性的成果：创立心瓣流体动力学这门新的学科，提出双叶翼型人工心瓣的设计思想和原理以及据此研制成功人工心脏瓣膜，提出新的人体心脏瓣膜的关闭理论及研制成功"血液体循环系统模拟装置"。康振黄的工作使成都科技大学乃至我国生物力学的研究在起步不长的时间内，就跻身国际先进行列。他是我国首届生物力学专业委员会主任委员，世界生物力学大会指导委员会委员。

老科学家学术成长资料采集工程启动后，康振黄被列为采集对象。项目组高度重视，成立了由任代祥、张雪永、陈君楷、袁支润、雷

图导-1 康振黄出席中日美第二次生物力学国际学术会议（1987年，日本大阪，家属提供）

图导-2 成都科技大学中层干部合影（康振黄位列前排左五。1981年，家属提供）

斌、韩锋、康晓光、曹文翰、梁冰、张芹、周世英、韩琴英等十余人组成的采集小组。在任代祥、张雪永、雷斌的组织下，采访小组全体人员热情参与，齐心协力，密切配合，以对国家和历史高度负责的精神，认真按照采集工程项目办公室的时间节点要求，完成各阶段的采集任务。

采集小组通过访谈、座谈会、邮件、实地走访考察等多种形式搜集资料，力求全面反映康振黄的学术成长经历。

采集小组高度重视通过访谈来搜集资料，每次访谈前，都通过多种途径了解被访谈人的背景资料，精心拟订访谈提纲，紧紧围绕康振黄的学术成长经历和工作经历，突出重点，反复推敲，提前几天发给被采访对象，征求他们的意见，然后不断修改和补充、完善，使其能充分理解，做好准备，提高访谈质量。在采访过程中，认真倾听，捕捉新的信息，深入提问，使得了解的信息更加翔实准确。三年多以来，我们采访了传主康振黄本人多次，还有一起从事生物力学研究的同事、四川大学前校长陈君楷，同事兼助手袁支润；在任省政府副省长时期的秘书徐文江，省人大常委会副主任时期的秘书黄智刚、徐维权，下属蒋武；在任四川省科协主席期间的同事、省科协主持工作的党组副书记聂秀香，省科协副主席曾祥炜；博士研究生樊瑜波，子女康超光、康晓光等。特别是在医院里，先后五次采访已九十四岁高龄的康振黄本人，请他讲述自己的家庭背景、求学经历、师承关系和学术成长过程及工作经历。在此基础上，又在四川省、成都市、四川大学、省委组织部、省科协等档案馆（室）多处查阅了他的个人档案、技术档案、工作档案、科研报告、学术书稿、图片等资料，收集阅读了康振黄发表的学术论文，有关书籍、报刊文章和报道。此外，采集小组还远赴康振黄的祖居地及出生地、上学地山西省五台县五级村、太原师范附属小学、太原平民中学、南京大学档案馆、四川大学生物力学研究所（实验室）等地，多方搜集康振黄的有关家庭背景、求学经历、科研和学术交流的资料。

通过两年的艰苦工作，采集小组在既有条件下，搜集到一批有关康振黄的非常珍贵的实物资料，为研究、探讨传主的学术成长历程有十分重要的作用。下面择要介绍一些有代表性的实物原件。

第一，《飞机翼面飘动之研究》，手稿类实物原件。这是1947年前后康振黄在中央大学任教期间所撰写的研究著作。他在导师柏实义教授的指导下，针对当时飞机经常由于颤振而发生事故的情况，进行了飞机翼面飘动的研究。书稿探讨了飞机翼面飘动的概况和一般研究方法，然后根据动力学原理提出研究飞机翼面飘动的一种新理论方法，以用于各类飞机的设计过程之中。这项研究的重要性在于，在当时条件下，开拓了一条解决飞机翼面空气弹性力学问题的初探门径。该研究成果在1947年的中国工程师年会上发表，被国民政府教育部学术研究审议委员会审准给予奖励，获颁国防科技研究奖。从此，他才华初露，引起了航空界的重视。

第二，《心瓣流体动力学》，著作类实物原件。二十世纪八十年代，康振黄在国际上第一次提出了关于心瓣流体动力学这个新学科的体系框架和内容，经过十余年对心瓣流体动力学理论内容和实验过程的不断充实与完善，作为国家"八五"计划重点项目，1991年9月，康振黄和研究团队正式创立了这门新学科——"心瓣流体动力学"。该学科为研制模拟心脏瓣膜血液体循环系统装置全面地提供了理论依据和精准的数据，这在国际上还是首次，也是康振黄团队十余年来对生物力学研究的集大成者。他同时出版了《心瓣流体动力学》一书，这是我国和国际上第一部体系化心瓣流体动力学专著。心瓣流体动力学理论从创立至今已经二十余年，但它所阐述的基本原理，仍然对今天人工心脏瓣膜的研究具有理论指导意义，一些大学仍然将它作为教学参考书。

第三，《工程科学大师集译稿》，手稿类实物原件。从工作岗位退下来以后，康振黄并没有无所事事、颐养天年，而是选择继续发挥光和热。2007年，康振黄以八十余岁的高龄，亲自翻译了英国B. A. Beg博士的新作《当代世界领先的工程科学大师们》，介绍当今新兴领域一些世界领先的卓有成就的大师的治学理念和具体实践，反映了康振黄生命不息、耕耘不止，为国家的教育、科学事业呕心沥血的可贵精神。

第四，英文论文"Fluid Mechanics in Cardiovascular Research-Cardiac Valve Flow Dynamics"，手稿类实物原件。1985年，康振黄撰写的"流体力学在心血管血流动力学方面的价值研究"，主要阐述了学界逐渐注意到并在加强的流体力学在心血管血流动力学方面的实践运用研究。康振黄原为流体力学专家，1978年以后转而研究生物力学，他把流体力学的基本原理运用于生物力学研究，取得了突破性的成就。这项研究为生物力学研究提供了新的思路和视野，是一项创新性研究。

第五，"Some Recent Studies on the Dynamics of Cardiac Valve Prosthese"，手稿类实物原件。1983年，康振黄在中、日、美第一次生物力学国际学术讨论会上的大会报告，阐述了当代生物工程技术的进步和医用科学的发现正在被广泛运用到实践中，他提出了四个方面可供学习的地方，最后提出人工心瓣应该和其他方面的工程研究一样，可以通过流体力学的方式来设计和评估。进一步论证了流体力学在生物技术、医用科学研究中的作用。

第六，英文论文"Fluidic Sprinkler for Irrigation With Stepwise Rotation"，手稿类实物原件。在"文化大革命"中下放农村从事农田灌溉的工作中，康振黄没有怨天尤人混日子，而是针对灌溉中的问题，积极探索钻研，研究出了新型的喷灌射流喷头，完全不用任何机械构件，利用喷头自身构形和流体运动规律，实现控制喷头运转和喷水的大小、远近等要求，从而显著提高了农田灌溉的效益。1985年，康振黄把他的实际工作经验概括上升为理论，在"全射流与步进式灌溉"一文中，提出了全射流作用区与喷头基圆孔函数关系式，于1985年在日本东京举行的国际流体控制与测量学术会议上应邀做专题报告。

第七，《火箭飞行的数学原理》（中译本），手稿类实物原件。1952年全国院系调整以后，四川大学的航空工程系调到了北京航空学院。只身留在四川大学的康振黄舍不下钻研多年的航空专业，利用业余时间翻译国外著名的有关火箭的著作，较早地向国内介绍国外兴起的火箭飞行技术。1959年，康振黄翻译了由美国科学家J. B. 罗塞等著的《火箭飞行的数学原理》一书，该书论述火箭飞行中所涉及的一些数学原理问题。我国著名科学家钱学森、宋健合著的《工程控制论》（科学出版社，1980年）第四章"控制系统分析"对此有引述。

第八，《近代力学及其技术应用的发展》，手稿类实物原件。这是康振黄1963年撰写的有关近代力学及在技术应用中的发展的研究著作，对我们了解康振黄早期在近代力学方面的一些研究思路有一定的价值。

第九，"世界生物力学指导委员会成员照片"，图片类实物原件。1990年8月30日至9月4日，康振黄赴美国加州大学洛杉矶分校出席第一届世界生物力学大会及"大会指导委员会会议"，会后指导委员会成员留影。这是康振黄及其研究团队经过十来年对生物力学这门新兴学科艰苦卓绝的探索取得的成果，获得国际生物力学界认可、跻身国际生物力学研究先进行列，代表中国大陆参与国际生物力学最高学术机构的一个标志。

第十，1948年康振黄在美国纽约大学留学期间的学习手稿资料，书稿类实物原件。1947—1949年期间，康振黄在美国纽约大学研究生院攻读航空工程专业硕士研究生课程的部分所学课程听课讲义。由于种种的原因，康振黄在美国留学期间的资料留存非常少，这是唯一的一份，因而显得格外珍贵。

第十一，康振黄《生物衰老问题研究》书稿，书稿类实物打印稿。退下工作岗位以后，已经八十八岁高龄的康振黄不愿闲着养老，仍然选择继续从事学术研究。2008年，他从生物基本原理出发，论述了生物衰老问题的缘起、定义、原因，认为生物衰老问题不再是一个没有解决的问题，并提出了健康老年的科学方法。

第十二，1986年"康振黄与冯元桢合影照片"，图片类实物原件。1986年9月，康振黄出席在德国举行的第五届欧洲生物力学学会学术大会期间，与冯元桢合影留念。康振黄与冯元桢是中央大学航空工程系的先后同学，冯元桢后来到了美国转而研究生物力学，是国际生物力学的奠基人；而康振黄在中国实行改革开放以后，走出国门，后也转向研究生物力学，并且奋起直追，后来居上，跻身国际生物力学研究的先进行列，当选国际生物力学指导委员会委员。这两位华人同学，经历不同的奋斗道路，如今双双站在国际生物力学学术界的高峰，表明了华人领衔国际尖端科技一个时代的喜人局面。这张照片背后的故事，给人以深刻的启示。

由于历次政治运动的影响，康振黄的历史资料流失很多，特别是一些原件很难找到，加之他的个人档案的正本不在省里，只有副本，比较简略。个人又因年龄偏大，一些早年经历的事情已经记不大清楚。我们经过认真分析研究，先找出大的主线，主线清楚了以后，再来逐步核实细节，经过反复地核查、比对，从多种不同的资料中仔细地考证、印证，找出其中的正确的部分，使细节逐步清晰、准确。

康振黄的求学和工作经历经过了新旧两个不同的社会制度，因而他的思想成长、学术成就都打上了不同的时代烙印。正如他自己在日记中写道："自幼烽火连天，也曾冻馁堪虞。如今晴空万里，能不只争朝夕？！"新中国的建立，社会的安定祥和，给了康振黄工作、奉献的动力。

康振黄主要的或最重要的学术成就与贡献，是在1978年国家实行改革开放以后作出的，国门打开，给了他了解世界的机遇。他抓住了这个机遇，加上自己之前知识和学识的积累，后来的努力，持之以恒，使他在生物力学研究领域很快地走在了国内的前列，跻身国际先进行列。所以，我们在撰写康振黄学术传记的时候，不仅突出了他个人的努力，还把它放在了国家改革开放的大背景下、国际生物力学研究刚刚兴起的大背景下。可以说，康振黄的成就，来源于这三个部分的合力。

按照老科学家学术成长传记的撰写要求，采集小组反复阅读、仔细研究搜集到的康振黄的资料，多次讨论交流。在内容的安排上，按照康振黄成长的时间段，把他学术成长的重点放在改革开放以后，详细叙述他在国门打开以后，怎么面对国际众多的新的科学技术，独独选中了生物力学作为主攻方向。详细地介绍了国际生物力学的奠基人冯元桢先生，以及美国著名生物力学专家毛昭宪、黄焕常等一批著名的国际生物力学专家对他的影响。同时，围绕康振黄在研究过程中表现出来的深厚的专业理论知识基础、卓越的组织管理才干与团队凝聚力、合作精神，介绍他的主要合作者吴和光、陈君楷、袁支润以及他的学生雷明、樊瑜波等。

本书正文共有十章。

第一章革命世家。康振黄出身于革命、开明家庭，在家庭的影响下，他树立了爱国、正直的优秀品质和刻苦、顽强的精神。

第二章立志航空救国。康振黄由于"九一八事变"、"七七事变"、日军入侵的影响而树立起来的航空救国思想，报考中国第一个航空工程专业专心苦读，研究提高飞机性能，论文曾获国防科技奖。

第三章赴美深造。介绍他在美国纽约大学研究生的学习，立志学好本领报效祖国。

第四章投身新中国建设。介绍他从美国学成归国后，在西南工业专科学校从事航空专业教学的情况。

第五章从事传统力学的教学与科研。康振黄在全国高校院系调整以后，只身留在四川大学，组建成都工学院，从事工程力学、流体力学专业教学，帮助生产第一线进行科研攻关，解决现场技术难题，提高产品质量和劳动生产率。

第六章开辟生物力学研究新领域。改革开放以后，康振黄瞄准国际上刚刚兴起的生物力学这个交叉学科的研究，取得了该领域的三大国际国内的最新研究成果：创立心瓣流体动力学这门新的学科，提出双叶翼型人工心瓣的设计思想和原理以及据此研制成功人工心脏瓣膜，提出新的人体心脏瓣膜的关闭理论及研制成功"血液体循环系统模拟装置"。

第七章生物力学学科建设与研究生培养。介绍康振黄对我国生物力学学科建设的贡献，研究生培养的工作、理念。康振黄建立了我国第一个生物力学的博士点，培养了樊瑜波、雷明、陈琛等我国及国际生物力学、生物医学的优秀人才，接力我国在这个领域的研究和发展。

  第八章领导四川科教事业。介绍康振黄在四川省政府副省长、省人大常委会副主任、省科协主席工作岗位上，分管教育、科学、卫生、文化等方面的工作。康振黄对开拓四川科教工作新局面，推动四川科教、文卫领域立法，创新四川科技人才培养和科普工作方式，在科教兴川、西部大开发及主政四川民盟的建设与发展等方面的工作和贡献。

  第九章老骥伏枥。介绍康振黄从工作岗位退下来以后，继续从事学术研究、对外交流活动，关注我国生物力学研究、四川科教工作及建言献策等方面的情况。

  第十章家庭生活。介绍康振黄在家庭生活中的情况和他对子女的影响。

第一章 革命世家

五台康家

1920年6月1日，康振黄出生于山西省五台县东冶镇五级村。

五级村抵近定襄、崞县，滹沱河从村子的南边流向河北省，沿河一条大道通向河北平山县。向西可以到达五台城、五台山。当年东北方向有一条只通骡马不便行车的大道，通向产煤的窑头山区，五台、定襄、崞县三县交界地区所需煤炭，正是依靠这条路的运输。由于产煤，1937年全面抗战爆发前的一段时期，是五级村经济最繁华的时期，村子西头街道的两边，差不多全是店铺。有骡马大店，有烤酒磨面的六成行，还有季节性的饧坊、粉坊、染坊，有毛毡、地毯和织布坊，还有烧饼铺、中药铺和兽医庄，摊贩杂在商店之间。村子中心有一个广场，广场北面是村公所，南面是观音堂和南大门，东南方向是戏台，戏台正面挂一块刷金的横匾，龙飞凤舞地书写着"作如是观"，落款是邹鲁（国民党元老）。

全面抗战前每年旧历六月都要唱三天戏。村公所在一座高高的台子上,挂着"福田寺"的横匾,左右为钟鼓楼,一对石狮雄踞于两边,两根旗杆分立于寺前。广场把村子分为东头和西头两部分,西头与东冶的南街、东街连接,东头向北连接着居民区的三条沟。全村有四道大门,非常气派,很像一座县城。

村上住着四个大的家族,张家、康家、赵家、杜家。其中张家的人最多,其次是康家、赵家和杜家。康家弟兄六人,在村子西头建有深宅大院,一条巷子即以"康家巷"命名。康老六独自在村外的前街上建了一所大院,还礼聘书法家华世奎写了"朝阳"二字,塑刻在大门顶上。康家在村上的商号叫"志源永",经营打米、磨面、烤酒、制曲、炒蚕豆等生意。康振黄即是康老六的长孙。抗战期间,八路军就曾经住在康家大院。

村里还有一所小学,名为"致知小学"。这是一所完全新型的学校,校长和教师都是具有相当学历而由上面委派来的。村里几大家族的富有子弟,多数都在此上小学。

康家在五台县算得上是大家族,在五级村则是四大家族之一。康振黄的爷爷康佩珩[①],有兄弟六人,他的爷爷排行老六,人称康老六。康氏家族支系分布在山西、河南、江西等地。康家家谱比较齐全,首功应归于康振黄的爷爷康佩珩。康佩珩于1905年留学日本期间加入孙中山先生领导的同盟会。1906年回国,在宏道镇川路学校任教。辛亥革命太原起义后,被阎锡山委任为忻代宁公团副团长,因与团长有隙未到任。阎锡山遂嘱其负责维持五台地方

图1-1 山西五台五级村康振黄老家祖屋
(2016年8月采集小组韩锋摄影)

---

① 康佩珩(1878-1922),字子韩,清末秀才,早年留学日本时参加同盟会,辛亥革命时曾推翻清廷在五台的政权,后任长治县县长。

治安。其召集士绅成立东冶保安社。政治上推行新政，倡导剪辫放脚，与民团团长一起，带领保安队员冲入县衙，活捉知事，推翻了清廷在五台的政权。后被任命为潞泽辽沁营务处处长兼长治县县长。地方散匪土豪猖獗，其率队镇压，保一方平安。康佩珩自小憎恨专制强横，有革命思想，这对康振黄的父亲及他的思想产生了一定的影响。但不幸的是，辛亥革命以后，康佩珩正欲大展宏图之时，却因疾病于1922年英年早逝，年仅四十五岁。

图 1-2　康振黄（后排右一）与母亲及家人合影（1953年摄于四川，家属提供）

1913年，康佩珩抽出闲暇，将康家自明初五百多年的族系关系厘清，使得康氏家族枝蔓贯通，族系脉络清晰，首次集康氏家谱之大成。从康家系谱中可以看出，康氏各支系近代以来均十分重视子女的学校教育，各代频出英才。

康振黄的父亲康健男，原名康乾勋，曾去日本留学，学医，回国后先在军队任军医，后自开诊所，常年居住在兰州。他的母亲杜桂芳，家庭妇女。小时候，父亲在外工作，康振黄跟随母亲在老家祖屋居住。康振黄在家中为兄长，还有一个妹妹。

在山西五台县五级村康振黄祖居地，他的本族堂弟康振礼介绍了康振黄家祖上爷爷一辈的情况："他们家有亲戚，记得他叔叔以前当过（共产）党员，他（康振黄）跟他叔叔差一两岁。他们家有十六套房子，这是他祖父的

图 1-3　与从小相依为命的妹妹康振华（1999年，家属提供）

第一章　革命世家　13

不是他的。他当副省长我们还是知道的。我们并没有见过，只是后来知道族里有这个人。族谱他的哥哥家有，你们到五台县去找，档案馆里（资料）六岁他就走了。他们家是地主家庭，'文化大革命'后平反了。"①

太原求学

1926年9月，到了康振黄上小学的年龄，他的父亲康健男毕竟是留过洋的，见过大世面，没有像老家的那些土财主一样，将子女送入村里的"致知小学"上学。他非常重视子女的学校教育，给予康振黄最好的教育环境，专门在山西省城太原购置了一处房产，将家人接来居住，把康振黄送进当地最好的小学——太原第一师范学校附属小学就读。附属小学建立于1906年，原是为方便师范学校学生实习而设立的，本身就不同于一般的小学，它比起一般的省城小学来就有优势，更不必说乡下的农村学校了，这使得康振黄的学习起点一开始就很高。

图1-4　太原师范附属小学
（太原师范附属小学提供）

小学毕业后，1931年，康振黄考入了太原的平民中学就读。这是一所在太原乃至全山西省都属一流的私立中学。平民中学是1922年由山西籍北京的大学毕业生出资办起来的。这些人曾参加过"五四运动"，是提倡新思想、新文化、新作风的人士。该校的校训是"勤俭忠勇亲肃诚"。学校学风严谨，教学质量高，居全省之冠。在这里，康振黄受到了良好的教育，打下了牢固的知识基础。

该校后任校长由创立者后人担任，继承了父辈的办学宗旨，聘请的董

---

① 康振礼访谈，2016年8月18日，山西太原五台县五级村，资料存于采集工程数据库。

图1-5 附属小学校训:"好学力行知耻"（2016年8月，太原师范附属小学提供）

事长也如此。康振黄在学时的董事长为具有抗日思想的张武成，他聘请思想进步的青年教师来校任教，还曾在1935年的上海全国运动会上发言，痛斥山西土皇帝阎锡山迫害革命青年，设立"反省院"，摧残山西体育事业。各地纷纷报道，产生了很大的社会影响。学校还组织学生军事训练，成立抗日学生军。这些，对正在成长期的康振黄的革新、进步思想的形成，产生了影响。康振黄初、高中共六年，都是在这里上学。1934年初中毕业后，康振黄被推荐免试升入该校的高中部。康振黄学习成绩优异，语文、数学和英语成绩在班上一直名列前茅，在六年的中学学习中，每年都被评为免费生。这为他以后的进一步深造，打下了较为扎实的基础。同时，为了弥补学校古文教学比重的不足，他的父亲还为康振黄和妹妹请来家庭教师，专教《古文观止》和《唐诗三百首》。

但不幸的是，康振黄的中学学习阶段，都是在国难当头的岁月中度过的。1931年，他初中入学后的第一次全校大会，宣布的是刚刚发

图1-6 太原平民中学旧址
（2016年8月，太原平民中学提供）

第一章 革命世家

心瓣探微 康振黄传

图1-7 太原平民中学部分创办人合影
（2016年8月，太原平民中学提供）

生的"九一八事变"。他幼小的心灵，蒙上了一层挥之不去的阴影。东三省同胞的遭遇，魔影般地投射到他的思想中，特别是在梦中。学校的学习本来是兴致勃勃的，而外面传来时局的消息则似愁云惨雾。悬在心头的问号是明天又将如何？而高中毕业后康振黄远赴外地高考又遇"七七事变"，中断了他北上赴考之路。康振黄在后来说："这两次事件，使我认识到，个人的命运与祖国的命运是密切相连的，只有祖国强盛了，才谈得上个人的前途与幸福。"[①]

山西太原平民中学冀晓田老师的介绍及该校保存的校史资料反映了康振黄在校时的一些情况。

从校史来看平民中学在1922年建立之后，经历过一些变迁，抗战时期曾经转迁，在西安、北平都曾经办学。后来在台湾也建了校。直到二十世纪九十年代，基本在原校址复校。

在平中八十五周年校庆的纪念文集《平中之歌》里面有康振黄的材料。如1922年至1937年太原平民中学各班同学名录。名录显示康教授1937年从高七班毕业。证明他确实是我们太原平民中学的毕业生。[②]

---

① 四川省科学技术协会：《公仆本色、学人风貌：贺康振黄教授九十寿辰》。2009年，第228页。

② 冀晓田访谈录，2016年8月17日，山西太原平民中学，资料存于采集工程数据库。

第二章
立志航空救国

遭逢抗战　辗转流离

　　1937年暑天，康振黄高中毕业了。就在他怀着强烈的心愿和热切的憧憬，准备乘火车去北京报考大学的头一天，"卢沟桥事变"爆发了。原来想好的一切美好追求与愿景，顿时破灭了。他只好报考太原当地的山西工业专科学校。随着日军入侵的深入，山西工业专科学校也停学了。父亲在军队任职，不能跟他们一起，由母亲带着康振黄和妹妹，一家人汇入了南下逃难的人流。此后康振黄经历了一年多颠沛流离的岁月。极度复杂的心情、思想波动的激荡煎熬着他。全国开展的救亡图存的抗战教育和时局的发展，使他形成了对祖国、对民族的亲切、纯真依靠的感情。

　　康振黄的小儿子康晓光回忆说："我听爸爸说过，他是在1931年的时候考进了中学。进了中学以后，召开的第一次全校大会，就是通报'九一八事变'的消息。"

他 1937 年高中毕业，本来打算去北京考大学，刚好要去北京的时候，发生了"卢沟桥事变"。这两次事件使他认识到了个人的命运和祖国的命运是密切相关的，只有在祖国强盛了以后才谈得上自己的前途和幸福。"这两次事件，使我爸爸年轻的心灵受到了强烈的震撼，他立志要发奋读书，报效国家，使祖国的大好河山不再遭受侵略者的侵害。"[1]

中央大学　学习航空

1938 年，在南下逃难的路途中，康振黄看到中央大学[2]的招生广告，这使他在迷茫、惊惶中看到了一线希望。他后来曾经说，在那个时候，能有个安静的地方读书，就是最大的快乐。他参加了中央大学在武昌招生点的考试。他考上了航空工程系，那是他的志愿。康振黄也成了中央大学正式招收的首届航空工程专业大学本科学生，这更让康振黄兴奋不已。在上中学的时候，他就听过国家航空委员会的宣传，他立下了志向，学好航空专业知识，将来参战打击日军，救国家和人民于水火。

11 月，康振黄入读已搬迁至重庆的中央大学。[3]

中央大学在重庆的新校址，位于重庆大学旁，嘉陵江从山坡下绕过，山清水秀，虽然山丘湫隘逼窄，却也能"自成小小格局"，是一个读书的好地方。后来因为学生人数增多，又分别在附近建立柏溪分校和小龙坎校舍。还在松林坡对岸的磐溪（隔嘉陵江）修建工学院的大型实验室等，将航空工程系和艺术系迁至磐溪，这样校舍紧张的状况得到了暂时缓解。加之迁到成都的医学院、牙医专科及贵阳的实验中学，抗战时期的中央大学地分三处：重庆、成都和贵阳。康振黄大学期间在校本部对岸的磐溪

---

[1] 康晓光访谈，2016 年 11 月 5 日，成都，资料存于采集工程数据库。

[2] 中央大学，为 1902 年建立于江苏的三江师范学堂。1928 年更名为国立中央大学，校址设在南京。"卢沟桥事变"后，日本发动了全面的侵华战争。8 月 13 日，日军向上海进攻，中央大学奉命内迁，选址四川重庆，在沙坪坝松林坡建校。抗战胜利后复员南京。

[3] 在人事档案中，传主填写的入学时间为 12 月。实际应为 11 月。

就读。

中央大学航空工程系是我国建立的第一个航空工程系。1935年，中央大学工学院接受国家航空委员会委托，聘请航空界著名专家罗荣安主持机械特别研究班。招收大学机械、电机、土木工程系毕业生，通过十八个月航空业务的进修和两个月的实习，完成学业。前后结业两届四班，共三十三人。两年后，在此基础上，延聘师资，扩充设备，成立航空工程系，罗荣安任系主任。因获得航空委员会巨额资助，该系发展迅速，西迁时已初具规模。1938年秋，航空工程系正式招生，并在磐溪修建大型棚场，可存放数架飞机、多台发动机。设有结构、风洞、发动机和仪表四个实验室，配有修配工厂和小型图书室，供师生研究实习。该系专任教授有罗荣安、谢安佑、柏实义、张创、黄玉珊等。该系教师除教学外，还承担国家航空委员会的研究任务。我国最早的滑翔机和五尺风洞，就是该系在重庆极其困难的条件下研制成功的，为我国新兴的航空事业作出了贡献。

从特机班开始，中大航空系的专业课程主要参照美国麻省理工学院航空系的课程安排，实验条件在国内也属领先。1943年，中大航空系还招收了研究生。

康振黄入读中央大学以后，母亲、妹妹也在重庆定居下来。他的父亲因为是部队军医，这时已随军驻守兰州。

在国难当头之际，有一个读书的地方，是康振黄最大的愿望，学习的又是自己喜爱的专业，他兴奋不已。怀揣着航空救国的理想，他在重庆苦读了四年。康振黄后来说，从此，他对生活与前途有了新的目标和追求，跃上了一个新的台阶。

尽管重庆的大轰炸特别严重，康振黄经常要在防空洞里上课、自习，但并没有动摇他刻苦钻研、笃实治学

图2-1 原中央大学（重庆）松林坡旧址

报效祖国的意志。在大学里受到航空系柏实义等一批新秀教授的影响，他对空气动力学兴趣最浓，并打下了坚实的理论基础，为他日后从事应用力学的研究奠定了基础。

在重庆读书的时候，白天遭到了日军飞机的狂轰滥炸，没有办法在教室里面学习。我听到他说过，夜晚经常在防空洞里面点起蜡烛上课，点起蜡烛考试。日本侵略者的入侵，中华民族受到的灾难，还有家破人亡的痛楚，使他立志献身祖国的航空事业，促使他努力学习。他也以优异的成绩完成了那个阶段的学习，为进一步的学习深造和工作打下了坚实的基础。①

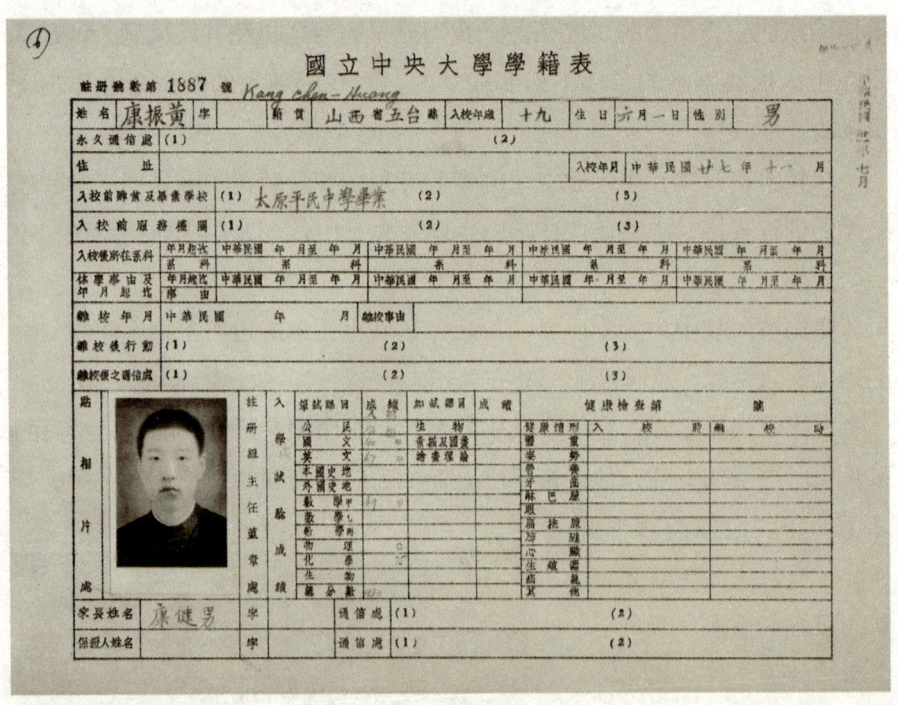

图 2-2 康振黄国立中央大学学籍表（南京大学档案馆提供）

① 康晓光访谈，2016 年 11 月 5 日，成都，资料存于采集工程数据库。

学术研究　崭露头角

大学毕业后，康振黄先是在重庆的中国滑翔总会中央滑翔机制造厂技术股任助理工程师、设计股股长，后来该厂停办。1944年，他受聘回母校航空系任教，担任著名的空气动力学专家、航空工程系系主任柏实义的助教。在这里，他在柏实义教授的指导下，针对当时飞机经常由于颤振而发生事故的情况，进行了飞机翼面的飘动研究，撰写完成了他的第一篇论文"飞机翼面飘动①之研究"。当时对这项空气弹性力学引起的实际问题，国内尚待解决。他们接受了这项研究任务。反复研究有关部门提供的基本情况和资料后，建立了基本的动态模型，分析发生颤振的临界条件，通过相应的试验和计算，寻求发生颤振的临界速度区域，并请有关部门实际验证。康振黄在1947年中国工程师学会年会上对此项研究做了学术报告。该研究被国民政府教育部学术研究审议委员会审准给予奖励，获颁国防科技研究奖。这项研究的重要性在于，在当时条件下，开拓了一条解决飞机翼面空气弹性力学问题的初探门径。从此他初露才华，引起了航空界的重视。②

这是康振黄撰写的第一篇论文，而且水平比较高，还获了大奖，因此他的记忆非常深刻，在过去了将近七十年以后，他还记忆犹新：

> 那一年机械工程师协会正好开会，我也就仅是一个助教。我就把我们正考虑的一个问题，把我们用的方法试着用上去，拿这个东西就给工程师协会投了一个稿。我那个时候还是比较激动的，这个稿投去以后很受欢迎，工程师协会后来就把这个转到航空委员会，作为这次会议选取的论文。好像给了奖金吧。这也说明老师给学生指导方向很

---

① "飘动"，英文为flutter，早期译为"飘动"，现译为"颤振"。
② 郑哲敏：《20世纪中国知名科学家学术成就概览·力学卷》，第一分册，"康振黄"。科学出版社，2014年，第540页。

第二章　立志航空救国

重要。[1]

康振黄对他的导师柏实义[2]有很深的感情,他回忆说:

> 柏实义老师是真正帮助我的老师。柏,松柏的柏;实,实在的实;义,仁义的义。[3]

柏实义先生擅长流体力学、空气动力学,这对康振黄后来的研究工作影响很大。

抗战胜利后,1946年中央大学从重庆复员返回南京,康振黄未随校返宁。同年9月,他在军政部兵工专科学校任讲师,后又分别在重庆大学机械系、中央工校机械科任讲师。

---

[1] 康振黄访谈,2015年1月16日,成都华西医院,资料存于采集工程数据库。

[2] 柏实义(1913-1996),江苏句容人。著名空气动力学家。曾任中央大学教授、航空工程系主任。后赴美国先后在康乃尔大学任客座教授及航空实验室顾问,后又在马里兰大学流体力学及应用数学研究所任研究教授,并教授"空气动力学"等课程。

[3] 康振黄访谈,2015年1月16日,成都华西医院,资料存于采集工程数据库。

第三章
赴美深造

变卖祖屋　负笈海外

　　1947年，康振黄所敬爱的导师柏实义辞去中央大学航空工程系系主任之职，又赴美国，这使康振黄受到了很大的影响。他非常渴望追随导师去美国，继续深造航空工程科学知识。经过一番刻苦努力，他考上了美国纽约大学研究生院航空工程系的硕士研究生。兴奋之余，他又紧锁眉头，因为他报考的是自费公派留学，自己还要负担很大一笔费用。这对于他一个大学毕业不久、又有家庭负担的人来说，经济压力是相当大的。他当时已有两个小孩，还有老母亲，妻子在中学教外语，收入微薄。时值解放战争，社会局势动荡，重庆物价飞涨，百姓生活朝不保夕。但是，求知的渴望强烈地驱使着他去克服一切困难。在万般无奈之下，他咬紧牙关，将原在太原的一所祖产房屋卖掉，充作路费，辞去了重庆大学机械系、中央工校机械科两所学校的教职，终于登上了开往美国的邮轮。

　　对于筹款赴美留学的情况，康振黄回忆道：

但是这个费用也不少，也不是当时就有条件。那怎么办呢？我就想了，和家里边商量了以后，就把太原的房子卖了。卖房子的钱估计够两年的自费学习。①

"小时候奶奶告诉我，父亲出国留学，是想多学知识，当时家里很困难，商量着想什么办法，当时奶奶是一般家庭妇女，没有收入，出国念书钱不够。我母亲是南开中学英语教员，为了支持父亲出国念书，兼了几份工作，承担了家里好几个人的生活，由于太累了，得了肺病。母亲得病的事没有跟父亲说，怕分散他的注意力，影响他的学习，直到去世都没有告诉他。父亲学成回国时，还奇怪母亲为什么没有到机场去接他。还有奶奶、我的姑姑替他照料我们两兄弟。……爷爷在1937年逃难的时候，没有跟着我们到重庆，而是去了兰州。后来卖太原的房子，应该是征求了他的意见。"②

纽约大学　刻苦深造

康振黄 1947 年入读时，纽约大学已是百年老校了。纽约大学成立于 1831 年。鉴于 1828 年伦敦大学的成立，托马斯·杰斐逊（Thomas Jefferson）总统时期的财政部部长艾伯特·加勒廷（Albert Gallatin）以及一群热爱教育的纽约市民，认为纽约人也应该有自己的大学，于是创立了纽约大学，当时的校名是纽约市大学（University of the City of New York）。第一任校长为 James Mathews。创校之初，只有一百五十八位学生及十四位教授。这是一所非宗教性的，不以出身和社会阶级作为招生标准的学校。1896 年，学校正式更名为纽约大学。

纽约大学的校训是：坚持不懈，超越群伦。以培养卓越超群的国际人

---

① 康振黄访谈，2015 年 1 月 16 日，成都华西医院，资料存于采集工程数据库。
② 康超光访谈，2016 年 11 月 11 日，成都，资料存于采集工程数据库。

才为目标。它的大学精神既提供更高深的学问去激发个人在商学、科学、艺术乃至法律的潜力，并同时理论与应用并重。由于纽约大学地处全世界文化及金融中心的纽约市，纽约市大部分的资源均能被学校所用。如博物馆、图书馆等，极大地开阔了学生的眼界。今天，纽约大学已成为全美最大的一所私立学校。

康振黄报考了航空工程专业硕士，学校开设的课程都是他很喜欢的：空气动力学（air dynamics）、流体力学（fluid dynamics）等。在那里，他一方面进一步提高对空气动力学和飞机结构知识的学习，另一方面选修当时新设的燃气涡轮机和火箭飞行理论。纽约大学研究资料丰富，学术交流频繁，扩大了他的学术视野，对他以后从事研究工作有很大的影响。早在中央大学学习和任助教期间，在著名的流体力学、空气动力学专家柏实义教授的悉心指导下，康振黄对空气动力学、流体力学这两门课程就有很高的兴趣和进行了深度的钻研。在纽约大学的研究生学习生涯，更加夯实了他在这两门功课的雄厚基础，为他后来回国后的继续研究和现场解决生产实践中的实际问题，起到了很大的作用。

"为了继续深造，康振黄于1947年考入美国纽约大学航空工程系研究生部学习。这里的Courant数学研究所和Guggenheim航空工程实验室是相当著名的。康振黄在这里进一步提高对空气动力学和飞机结构的学习，同时，选修当时新设的燃气涡轮机和火箭飞行理论。学习期间，他更多的感受是这里研究资料丰富，学术交流频繁，使自己的学术视野扩大了很多，这对他以后从事研究工作影响极深。"[1]

在留学期间，由于经济上捉襟见肘，他不得不去申请助学金，省吃俭用，艰难地度过了求学的日子。他没有去过一次娱乐场所，也没有其他多余的消费，只是夜以继日地埋头在知识的海洋里。康振黄在后来回忆他的留美学习经历时说：

> 我在纽约大学念书的时候，政府以官家外汇卖给我这个外汇。当

---

[1] 郑哲敏：《20世纪中国知名科学家学术成就概览·力学卷》，第一分册，"康振黄"。科学出版社，2014年，第549页。

然这样的生活也紧一些，我在那儿没有看过电影、没有跳过舞。吃饭也很简单。一切都是量力而行。①

他的次子康超光说："父亲在美国念书的时候，租的是美国人的房子。他还得了一场病，是阑尾炎，做了手术，不能动弹。他的房东是一个孤寡老人，看他一个外国穷学生，很寒酸，也很可怜；就主动地照顾他。老人对他非常好。他后来还给我们讲起，美国人也不是都很富裕，下层的老百姓，那些失业的、退休的，生活并不是很好。他们还照了照片。他知道自己到美国是去干什么，是学习。想多学一点东西回来，实现自己的航空救国理想。他忘不了重庆大轰炸，日本人炸死了那么多中国人。"②

---

① 康振黄访谈，2015年1月16日，成都华西医院，资料存于采集工程数据库。
② 康超光访谈，2016年11月11日，成都，资料存于采集工程数据库。

第四章
投身新中国建设

学 成 归 国

1949年1月，康振黄研究生毕业取得硕士学位，此时的中国，正处于沧海桑田的历史巨变之中。人民解放军百万雄师饮马长江，准备给风雨飘摇的蒋家王朝最后一击。身居海外的学子们从各种渠道得到了来自祖国的消息，有的激动、兴奋，有的迷茫、彷徨。是去是留成为难以取舍的人生抉择。而康振黄此时则作出了坚定而正确的选择：回到贫穷落后的祖国，建设祖国。他后来回忆说：

> 那时，我对党的认识虽然很朦胧，然而人生的经历告诉我，没有一个强盛的祖国，没有一个人民当家做主的民主政府，一切都谈不上。因此，绝大多数旧的知识分子出于朴素的爱国主义热情，更容易赞成党的主张，接受党的领导，与党有一种天然的亲和力。①

---

① 四川省科学技术协会：《公仆本色、学人风貌：贺康振黄教授九十寿辰》，2009年，第228页。

生命的价值在于对真理的不懈追求，对祖国和人民的无私奉献。正是这种不懈追求和无私奉献的精神，促使康振黄婉谢了美国导师和朋友们的挽留，毅然踏上了归程。

站在"总统号"客轮的甲板上，太平洋的凉风扑面而来，他仿佛看到了一个即将诞生的新中国在向自己招手，年轻的康振黄对未来充满了憧憬。

1949年4月，康振黄回到阔别近两年的祖国。7月，他受聘任重庆大学机械系副教授。

康振黄在后来回忆起这一段经历时曾经说过：

> 历史，天天在写。我们每个人，每天也都在写着自己的历史。然而，个人的历史往往同祖国的历史和民族的历史休戚相关，密不可分。①

培养航空事业人才

康振黄刚刚回国不久，中国的大地上就发生了翻天覆地的变化，腐朽没落的国民党政权被人民所唾弃，退居台湾，人民成了国家的主人。唱着"解放区的天，是明朗的天"，康振黄和山城人民一道，迎来了重庆的解放。

中华人民共和国建立初期，1950年10月，康振黄受聘担任西南工业专科学校（重庆）教授兼航空工程科主任，讲授飞机结构、空气动力学、航空工程等课程。在那百废待兴的艰苦岁月，康振黄如饥似渴地学习，夜以继日地工作，满怀热情地投入到为社会主义建设、培养专业技术人才等工作中，感到有使不完的劲。后来回想起来，康振黄曾经感叹，那是一段

---

① 四川省科学技术协会：《公仆本色、学人风貌：贺康振黄教授九十寿辰》。2009年，第228页。

多么美好的时光啊!他全身心地投入到新兴的航空教育事业。在西南工业专科学校,康振黄除了担负流体力学、空气动力学、飞行力学等方面的教学外,还积极进行相关教材的编译工作。所以,他发出了肺腑之言:

> 自幼烽火连天,也曾冻馁堪虞。如今晴空万里,能不只争朝夕?! [1]

从此,在祖国新的天地里,康振黄开启了新的人生。

1952年7月,康振黄担任西南工业专科学校教务处副主任。7月至12月,还曾调到西南文教部高教处做院系调整的工作。

西南工业专科学校原为中央工业专科学校,前身为1937年在南京建立的国立中央工业职业学校。抗战全面爆发后,该校先是迁往四川万县地区,后迁至当时的陪都重庆,在沙坪坝中央大学旁。抗战胜利后,该校未随国民政府迁回南京,就地更名为西南工业专科学校。该校是培养工业技术专门人才、在原国民党区域内较好的一所有名的学校,当初有四个科:土木工程、机械工程、电机工程、化学工程,后增设航空工程科。相当于几个学院。最初是三年制,相当于高级职业技术学校。后来增加了专科,变成五年制,初中三年,毕业后再上二年。当时这所学校就是一所普通的专业学校,但录取的分数比较高。由于毗邻中央大学,有些大学教授过来兼课,师资力量强大。全国高等学校院系调整时,该校被撤销,有关系科分别并入重庆大学、重庆土木建筑工程学院、成都工学院和北京理工大学、北京航空航天大学,西南工专的铁路专业部分合并到当时的唐山铁道学院,化学工程合并到成都工学院。

中华人民共和国建立不久,为了适应国家建设的需要,根本改变旧中国高等教育文理科多、工科少,设校设科无计划,以致院系重复,人力物力分散,教学质量难以保证的情况,全国高等教育战线学习苏联的办学模式,"以培养工业建设人才和师资为重点,发展专门学院,整顿和加强综

---

[1] 郑哲敏:《20世纪中国知名科学家学术成就概览·力学卷》,第一分册"康振黄"。科学出版社,2014年,第539页。

图 4-1　四川大学

合大学"的方针，在全国进行了大规模的高等院校院系调整。其中，航空系科的调整走在了全面调整的前面，1951年3月，高等教育部（以下简称高教部）在北京召开全国高校航空系会议，确定西南地区的云南大学航空系、西南工业专科学校航空科并入四川大学航空系。很快，云南大学航空系就并入了四川大学。紧接着，西南工业专科学校航空科也正在并入的时候，1952年9月，接高教部更改通知，四川大学航空系师生连同主要仪器设备调至北京，与清华大学航空学院、北京工业学院航空系共同组建中华人民共和国第一所专门的航空院校——北京航空学院（今北京航空航天大学）。但是，四川大学在执行高教部这个通知的时候，却只将除了康振黄以外的人员、设备调往北京，单独将康振黄留在了四川大学。

康振黄回忆说：

院系调整的时候，让我到四川大学的航空工程系，但是调查以后得知，全国的航空工程系条件并不是都合格，有些师资缺，有些设备缺，有些或者与航空部门联系得不紧密。就想在成都组建这个工学院……在西南工专担任航空科主任以后，成都工学院要人，所以我又从西南工专到成都工学院。①

---

① 康振黄访谈，2015年1月13日，成都华西医院，资料存于采集工程数据库。

第五章
从事传统力学的教学与科研

参与筹建成都工学院

1953年5月，四川大学校务委员会决定，康振黄出任工学院院长，同时负责筹组工、农两院建院工作组。8月，学校通知他到北京参加全国工学院院长会议，在高等教育部的主持下，康振黄与参会的四川化工学院副院长郑方商讨两院合并为四川工学院的问题。11月18日，高教部正式通知，四川大学工学院于1954年暑期独立，并将四川化工学院并入。

12月11日，四川工学院建院筹备委员会成立，康振黄为筹备委员会委员。

1954年8月，四川大学工学院独立建院，更名为"成都工学院"，康振黄任成都工学院教务长。12月，高教部批准四川化工学院1955年由泸州迁至成都，与成都工学院合并，校名仍为"成都工学院"。合校后的成都工学院，设机械、电机、土木、水利、化工五系，取消了力学专业。

1955年11月，康振黄任成都工学院与四川化工学院合并后新成立的成都工学院副教务长。后任成都工学院"科学研究委员会"主任。

1957年，成都工学院恢复设立工程力学专业。

没有了航空专业，康振黄一面担任行政工作，一面转而讲授工程力学方面的课程。

继续从事空气动力学研究

虽然没有了航空工程系，但康振黄放不下钟爱的航空专业，在工作之余，他连续翻译了三部国外著名的有关火箭的著作——《火箭飞行的数学原理》《固体推进火箭的燃烧问题》《火箭的外弹道学》，于1959年起陆续由科学出版社出版，其中的一些重要内容曾被国内知名学者引用。

图5-1　康振黄在学习（1972年，家属提供）

1959年12月，康振黄翻译出版了由美国科学家J. B. Rosser等于1947年著的《火箭飞行的数学原理》一书，较早地向国内介绍国外兴起的火箭飞行技术。我国著名科学家钱学森、宋健合著的《工程控制论》（科学出版社，1980年）第四章"控制系统分析"对该书的内容有引述。在过了将近五十年之后，他的研究生樊瑜波2004年决定调入北京航空航天大学（前称北京航空学院），去征求康振黄的意见时，"康先生跟我进行了一次一个多小时的长谈，他谈到了我国航空发展的历史，也谈到了他当年差一点就到了北航，流露出对航空事业的深深眷念之情。"所以，樊瑜波说他到北航，也有为康先生完成夙愿的意思，是康先生学术生命的延续。[①]

　　康振黄的次子康超光也谈到他父亲对航空事业的一往情深："院系调整到四川大学以后，没有了航空专业，他对航空的热爱还是没有改变，我的哥哥读的是西北工业大学的航空系，也是为了实现父亲的航空理想。1957年，苏联发射了第一颗人造卫星，他还在（成都）劳动人民文化宫给学生介绍苏联卫星发射的情况和意义。"[②]

　　1960年12月30日，康振黄向成都工学院中共党组织递交了入党申请书。他在申请书中写道：

　　　　往者已矣，来者可追。在为党的事业而奋斗中，我重新估价自己生命的意义，重新确定自己人生的价值，重新开拓新的生活。[③]

　　在那个极"左"思潮当道的年代，虽然当时没有批准他的入党申请，但康振黄在工作和生活中，一直以中共党员的标准严格要求自己。他的秘书徐文江说："他身上的品质并不亚于一些党员，我们是向他学习的，那个是时代造成的，并不是他本人的问题，入党标准早就够了。他从来没有把自己看得高高在上，一直都是平易近人的，在一起应该是我们向他学习。

[①] 樊瑜波访谈，2016年11月6日，北京，资料存于采集工程数据库。
[②] 康超光访谈，2016年11月11日，成都，资料存于采集工程数据库。
[③] 高辅平：不懈地追求 无私地奉献：记著名力学家康振黄.《四川统一战线》，1997年第5期，第11页。

我知道，他一直追求进步向党组织靠拢，但是没有批。他并没有因此灰心，他还是不断地争取。"①

转向工程流体力学研究

成都工学院合并初期，取消了力学专业，一直到 1957 年才恢复。康振黄除了讲授一般力学课程以外，把研究侧重于流体力学。

1966 年"文化大革命"开始后，康振黄也像千百万高校教师一样，处于无所事事的状态。1969 年下半年，在运动稍事消停后，他被下放到成都科学仪器厂劳动锻炼。在那里，工人们在对这位把地扫得干干净净的教授一丝不苟精神惊叹之余，慢慢地同他交上了朋友，向他诉说工作和生活中的困难。在基层的日子里，康振黄没有消极地应付差事、混日子，而是把它当做理论与实际相结合的机会，他以此作为平台，用自己的丰厚之学，为生产实际服务，现场解决了许多长期没有解决的技术难题，极大地提高了产品质量和工艺，同时也丰富和升华了他的学术理论水平。

康振黄回忆说：

这样我们搞了一些很好的东西，和师傅们一道，还有一些成就吧。通过这段时间到厂里和师傅们的接触，我们的思想里确实增加了一些新的元素，与工农结合，想问题的方法不同了。我想，这对后来我在学校里边和一些同学切磋有好处。②

发起组建中国自动化学会检测元件委员会流体控制技术学组

流体介质在工程中的传统应用，一直以传输动力、传送物质为主。在

---

① 徐文江访谈，2015 年 9 月 14 日，成都，资料存于采集工程数据库。
② 康振黄访谈，2015 年 1 月 16 日，成都华西医院，资料存于采集工程数据库。

五十年代出现的电子信息工程的影响下，开始出现了以传送信息为主的流体控制工程科学，特别是在航天工程中发展迅速。这种新兴的控制系统，省却了原有的可动的机械零部件，代之以流体元件和系统，扩充发展了流体介质的工程应用，创建起新型的流体控制系统。这种新型控制系统不仅消除了原有控制工程系统应用中的诸多限制，并且在简化装置、适应工况、节约成本、提高效率等多方面，效果显著，因而正在成为新兴控制工程领域中重要的一员。

康振黄对这项新型工程技术领域的出现十分敏感。他一方面在国内研究介绍和推动发展及实际推广应用，组建中国自动化学会检测元件委员会流体控制技术学组，进行推动工作。并且亲自主持工业战线上的多项实际应用和解决难题的项目，取得推行这项新兴控制工程的实效。另一方面，他和有关同志潜下心来，选取基本的流控元件，进行基础理论分析和实验研究，奠定了有关的设计理论基础。

研制精密天平

成都科学仪器厂原为抗战时期内迁的上海科学仪器制造厂，主要产品之一是精密天平。由于内迁后主要原材料改变，原有的产品性能达不到规定的要求。康振黄住在厂里，专门研究有关零部件材料、结构和性能等关系问题。通过运动规律分析、建立数学模型，并经试验研究，解决了影响天平摆动的关键性问题，满足了规范要求。这项问题，实际涉及流体控制理论和计算问题，通过设计研究，解决了改变原材料后的结构设计，终于达到产品性能要求，使生产恢复，产品达标。他所提出的天平设计规范准则，一直在生产中被实际沿用。

康振黄在接受访谈的时候，详细地介绍了这个情况：

> 当时我到一个厂里去搞产品，而且是精密产品。我们国家以前搞的精密产品，粗糙、精确度不够。这个精密产品生产厂上海有，但是这个厂后来内迁到成都，情况变了。那个厂主要产品是梁，梁的材料

在上海的时候用的铝，到成都后铝的供应有困难，厂家希望改材料，我们就地取材，用了四川比较多的铜。①

换了仪器的梁的用材以后，产品的一些其他部分所用材料必须得随之改变，不然不配套。比如产品的阻尼器，梁的材料和摆最有关系，摆动几次它才能够停下来，和材料的结构密切相关。康振黄去了以后，把这看成是知识分子和工农结合的一个机会，和工人师傅一起商量怎么样把阻尼器让它在规定的摆动次数之内停下来，不能无止境地摆下去。之前他也没有搞过产品，但他从阻尼器的摆的原理和受力分析，这个产品最有可能使用的材料，才能达到阻尼器的要求。通过和工人师傅一起研究，他画出图纸、算出计算公式，工人们在车间试验，不行再换，反复多次，终于把阻尼产品改过来了，给国家增加了一笔不小的收入。

研制涡流调速器

铁道部成都机车车辆厂出产的内燃机车，长期以来所用的机械调速器由于结构复杂，往往性能不稳定，而且检修非常困难。康振黄和他的研究组会同工人师傅，设计制成利用流体涡流作用的流体调速器。他们亲自设计、制造、安装，并进行了机车空载和实载运行实验，结果证明这种新涡流调速器是切实可用的，而且检修简

图 5-2　康振黄（右）与工人一起研究涡流转速传感器（1974 年，家属提供）

---

① 康振黄访谈，2015 年 1 月 16 日，成都华西医院，资料存于采集工程数据库。

易，解决了原来调速器的老大难问题。

研制流控测速装置

当时中国油田中，采用的油井钻杆和泥浆泵的测速装置，都是电子式的。在油井现场，偶有火花产生，便易酿成事故。康振黄亲赴华北任丘油田，住在工地，和工人一起设计研制成流体控制式的钻杆和泥浆泵的测速

图 5-3　康振黄（前排左二）与工人一起研究机车调速器（1975 年，家属提供）

器，实测结果证实这种流控测速装置是成功的、安全的，开创了流体控制工程在油田应用的先例。康振黄在回顾这一段时谈道：

> 我们到任丘油田去，研究泥浆泵的速度实验取得成功。不到四个月，四川的好多城市都改用我们设计的泥浆泵。说明我们知识分子到车间去、到油田去不是没有可干的活，是我们原来没有找到，我们要去适应现场的需要，而不是拿着别人现成的设计。不加改造，很可能就用不上。[①]

研制新型灌溉喷头

为了提高农田灌溉效果，二十世纪七十年代，四川积极推广喷灌技术。但是，由于喷头是靠机械零件装置控制的，这些机械零件比较易损，在农村修配不易，影响喷灌技术的推广。康振黄和他的研究小组研究设计出新型的灌溉喷头，完全不用任何机械构件。利用喷头自身构形和流体运

---

① 康振黄访谈，2015 年 1 月 16 日，成都华西医院，资料存于采集工程数据库。

第五章　从事传统力学的教学与科研

图 5-4　成都工学院射流学习班合影（康振黄位列第二排右二。1972 年，家属提供）

动规律，完全可以实现控制喷头运转和喷水的大小、远近等要求，从而显著提高了农田灌溉的效益。康振黄于 1985 年在日本东京举行的国际流体控制与测量学术会议上应邀作专题报告。

  康振黄的儿子回忆了在研制这种新型灌溉喷头时的一个事例。"在试制喷灌用的新型喷头时，爸爸经常在学校的荷花池试验这种喷头，夏天顶着烈日，头戴一顶草帽，与组内的研制人员一起进行试制。常常是到了吃饭的时间也不见回家，家里不得不去人到荷花池找，提醒他回家吃饭。当时的实验室位于教学楼平台下面，冬天非常寒冷，夏天异常闷热，但是这些都没有影响到研制工作。经过反复试验，试制出先进水平的'步进式射流喷头'。当时国内外都没有类似的报道，属首创。这种喷头，省去了机械部分，降低了摩擦损耗，提高了使用寿命，无论是雾化还是扬尘，都达到领先的地步，收到了满意的效果。"[①]

[①] 康晓光访谈，2016 年 11 月 5 日，成都，资料存于采集工程数据库。

研制自动感测水位装置——气测水位器

四川省河渠纵横，水利设施星罗棋布，水位的检测与控制工作十分重要，也十分繁重。如何实现水位观测自动化，保证观测作业准确、及时、安全，并能广泛适应观测现场的现有条件，切实可行，是摆在面前的一项重要研究任务。1974 年，四川省水利局科学实验研究所、东风渠管理处及由康振黄率领的成都工学院力学射流组教师组成"三结合"研究小组，通过调查研究、分析实验、现场办学，研制了一种利用气压传输原理，感测河流、渠道、水库等处水位的自动装置——气测水位器。

根据四川的情况，特别是从当时还没有电源和机械动力设备的观测现场，以及特殊情况下不能用电的情况出发，结合气动技术近年来的发展应用，康振黄和研究团队着眼于利用空气这个随处都"取之不尽，用之不竭"的自然资源，通过水位变化时所引起的空气状态的变化来感测水位。这样就不需要另设能源，适应性强，也经济得多。在研究中他们发现，利用水位变化产生空气状态的变化是有规律可循的。在一般活塞式动力机械中，活塞的进退导致气缸中密闭气体的涨缩；同样，如果把活塞的进退换成水位的升降，那么，密闭气缸内的气体也将涨缩，气体的压力也将相应地按一定的规律变化，这就为水位观测人员提供了水位升降的信号。这个信号可以直接传输至一定远处的室内显示出来，观测就方便得多。而且配以记录仪，还可利用这个信号自动录制全天水位变化曲线。如果当地又有电源，还可通过气电转换，实现自动报警、自动启闭闸门。

气测水位器在东风渠总干渠南北分水闸半年多的试用，证明这种气测水位器观测方便，读数准确，既满足了春耕用水期间随时观测水位、掌握水情、调配水量的需要，又解决了汛期雷雨天气现场观测作业的困难。由于这种装置结构简单，群众容易掌握，花钱不多，切合实用，除在东风渠灌区推广应用外，在都江堰、人民渠灌区和一些水库，都分别装设使用，效果较好。

康振黄的儿子康晓光回忆了父亲在研制气测水位器过程中的一件感人故事。"他在与四川省水利局合作、研制测量水电站水位变化的先进设备的过程中，利用物理学原理，成功地研制出一种新型测量装置，免去了过去要监测人员亲临渠边查看标志，才能了解水位变化情况，只需要在控制室里，即可准确掌握水位变化，极大地保证了监测人员的安全。因为在洪水季节，到渠边查看水位标尺，一是不安全，二是不准确。有一次爸爸去邛崃农村的水电站工作现场时，带上了我。我看到在安装这种装置时，为了了解情况，查看效果，爸爸亲自到桥洞下面去寻找受水流扰动最小的最佳安装位置，因为水流扰动越小，测量越准确，然后提出更为合适的安装方案。"①

研制双喷射式（二维火焰）烧毛机火口②

成都染厂（今成都印染厂）原用的烧毛机是单喷射式火口，由于火口结构关系，致使天然气无法完全燃烧，气源浪费大，火焰温度低，烧毛光洁度低，影响产品质量。后来他们进行了改进，在原火口上加装异型砖，使温度上升，达到1200℃左右，烧毛情况有所好转。但存在"异型砖火口"温度不易控制，对化纤产品易发生过烧，耐火砖容易烧坏，导致安装、维修工程量增大等问题。

1980年初，成都印染厂与成都科技大学力学系达成协议，共同开展烧毛机新型火口的研制工作。系主任康振黄带领力学系老

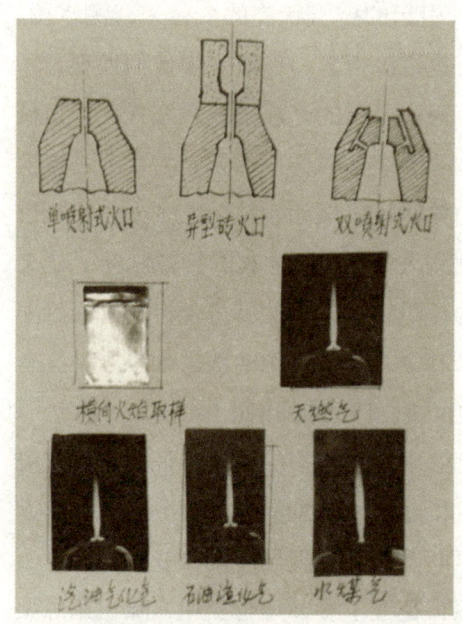

图5-5　新型烧毛机火口图片（1980年，家属提供）

---

① 康晓光访谈，2016年11月5日，成都，资料存于采集工程数据库。
② 烧毛机火口：烧毛是织布的一道工序，烧毛机是印染厂在布匹漂炼前用于烧毛的机器，烧毛机火口是气体烧毛机的关键部件。

师，利用火口燃烧空气动力学的原理对此进行了分析——布匹烧毛的目的是要尽量去掉布面上的茸毛、短纤维，而同时又不致使布匹本身着火，这就要求茸毛纤维的燃烧（也就是氧化反应）必须在尽可能短的时间内完成。当时的工艺，主要是利用各种液体或气体燃料的火焰燃烧，因此，这种火焰一定要具备两个基本品质：尽可能高的火焰温度，以及火焰必须是氧化气氛。显然，只有火焰温度愈高，纤维的氧化反应才能愈快；否则，即使火焰有较高的温度，而火焰却是还原性的，也不能使纤维燃烧，只能使其碳化，因此研究改造火口就是要获得这种火焰。

经过几个月的研究和模型实验，康振黄研究团队终于成功研制双喷射式（二维火焰）烧毛机火口。1980年7月，新型火口正式安装并投入生产使用。投产后，康振黄又率人对新火口在生产现场进行了一系列性能测试。测试结果表明，"新火口"结构合理，燃烧充分，火焰温度达到1450℃，有利于绒毛的烧尽，产品质量稳定，烧毛质量可达三四级。"新火口"火焰易于控制，能适应多种产品对火焰的要求，特别是化纤产品的工艺要求。投产使用后，在节约天然气和提高产品质量方面都取得了显著效果，该厂生产的维棉色布在全国同行业评比中名列前茅。据成都印染厂的估计，改装后，比原单喷式火口每年可节省天然气11万立方米，比异型砖火口仍可节省2.5万立方米。该产品在成都色织染织厂使用，由于该厂的火口比成都印染厂长0.7米，估算该厂每年可节省天然气18万立方米。

1982年4月，康振黄团队受石家庄解放军3502厂的委托，对汽油汽化气进行了模型实验，他们提供了设计草图，由该厂加工，于8月底正式投产。使该厂汽油烧毛机由原来的耗油量24升每小时下降到16-20升每小时；火焰温度由原来的1200℃提高到1500℃左右；产品光洁度由原来三级提高到了四级以上水平，并解决了换烧低牌号油的问题。

1982年8月，康振黄一行又应陕西第二印染厂之邀，对该厂进行了水煤气的模型实验，更进一步发展了适宜于水煤气安全燃烧的新方式。按模型实验推算，可降低水煤气耗量40%-50%。同时，使该厂长期存在的大难题：防爆和火口严重变形获得圆满解决，火焰温度比原火口有明显提高。

在康振黄团队的努力下，他们举一反三，将"双喷射式火口"不仅应用于天然气燃烧，而且应用在汽油汽化气、水煤气、石油液化气，使该产品获得了全面的推广，为生产第一线直接带来收益。这项研究，后来荣获国家发明奖。1982年，由康振黄参与研制的为成都印染厂解决纺织品印染工艺、节能效果显著的烧毛机双喷射式火口赴京参加了教育部主办的直属高校科技成果与产品展览。

通过几年的亲历对流体控制工程技术在生产中实际应用成功的实践，康振黄进一步感到有必要对基本的流控元件进一步从流体动力学的运动理论分析、有关流场的实验测定、元件性能设计的理论和方法等角度，进行更为基础的、系统的、成体系的研究。为此，他以研制的涡流转速传感器为典型对象，进行了一项总结性的、关于流控工程技术元件和系统的深入研究工作。这种传感器的主要流场及其作用，包括：①流体在转子与壳体之间的环区内的旋转运动，起着耦合作用；②流体在涡室与喷射管内自由涡流动，起着放大作用；③流体在排空区的自由旋动射流流动，起着检测作用。他对这些区域的流场特性、试验设备性能、流动参数、有关效应以及总体特性分析方法等问题，得出规律性认识，发展了流体控制技术的理论基础和设计应用。这篇研究报告1976年以"自动感测水位装置——气测水位器"为题发表在《成都工学院学报》上。1977年12月，康振黄在《成都工学院学报》发表学术论文"涡流转速传感器的流场分析与设计研究"。1978年出版《流控技术与流控流体力学》一书。国家实行改革开放后，1985年在日本东京召开的国际流体控制与测量会议上，康振黄作大会报告，将这些研究成果与国际学术界进行交流。

第六章
开辟生物力学研究新领域

1978年中共十一届三中全会以后,国家进入了新的历史发展转折时期,实行拨乱反正,全国各项工作走上轨道。教育战线恢复全国统一考试,教学、科研工作蓬勃发展,欣欣向荣。国家实行了对内改革、对外开放的国策,国门打开,国际学术交流与合作破冰,各方面均呈现出良好的发展态势。

对外开放以后,国外新的研究领域和研究成果不断传递进来,当时已年近六旬的康振黄十分兴奋,壮心勃发,十分珍惜这来之不易的大好机遇,决心把过去耽误的时间抢回来。他潜心研究和思考国际最前沿的研究领域和方向。他把眼光定格在不同学科之间的交叉与融合的新学科,瞄准了国际上刚刚兴起的生物力学这个边缘学科。带领团队,向国际最新科技进军。

图6-1 康振黄在家中(1978年,家属提供)

对接国际新科学　转向生物力学研究

请进来——邀请国外学者来校交流

现代生物力学大约起源于二十世纪六十年代。这一时期各国专家对于人和动物运动的生物力学特性进行了积极的研究。1967年召开了第一次国际生物力学学术讨论会。1973年正式成立了国际生物力学学会（International Society of Biomechanics，ISB），这标志着生物力学学科的正式建立。二十世纪七十年代末，在美国加州大学圣地亚哥分校教授、美籍华人冯元桢[①]先生的积极推动下，生物力学作为一门新兴的边缘学科的研究开始在中国起步。与此契合的是，它在时间上恰好对接中国的对外开放，康振黄及其他中国学者了解了这一动向，从而开启了中国生物力学的接力研究。

他山之石，可以攻玉。康振黄极为重视与国际同行的学习和交流。

首先到中国传播生物力学研究成果的是冯元桢先生，他非常热爱祖国，关心祖国科学技术事业的发展，是七十年代中美关系解冻以后最早来华访问的学者之一。他十分关心祖国生物医学工程学科的发展。早在

---

① 冯元桢（Yuan-Cheng Fung），(1919—)，力学和生物力学家。美国国籍。生于中国江苏省武进县。1941年毕业于中央大学航空工程系，1943年获该校硕士学位。1948年获美国加州理工学院博士学位。1959年任美国加州理工学院教授。1966年至今任美国圣地亚哥加州大学教授。美国国家工程院院士（1979）、美国国家医学研究院院士（1991）、美国国家科学院院士（1992）、台湾"中央研究院"院士（1966）。曾获国际微循环学会最高奖、国际生物流变学会最高奖、美国机械工程师学会"百年大奖"（1981）、美国国家工程院"创始人奖"（1998）等。为表彰冯元桢对科学和科学教育的献身精神，1986年美国机械工程学会设置了"冯元桢青年研究工作者奖"。1966年以前，冯元桢教授主要从事航空工程和连续介质力学方面的研究并取得卓著成果。1966年以后致力于新兴交叉领域——生物力学的开拓，是举世公认的生物力学的开拓者和奠基人。在这一领域内，冯元桢和他的实验室取得了三个具有里程碑性质（突破性）的成就，即生物软组织本构关系的研究、肺血流动力学规律的研究及生物组织器官生长和应力关系的研究。1994年当选为中国科学院外籍院士。见：《中国科学院院士画册》（1993-1999年），上海教育出版社，2001年，第235页。

1979年6月中国生物力学考察组赴美时，他就明确指出，发展中国生物医学工程必须十分注意的一个问题是，不要使得医疗费用恶性上涨，不要重蹈欧美生物医学工程发展引起医疗费用狂涨的覆辙。1979年9月至11月，冯元桢和他的学生、助手颜荣次教授一起回国，在武汉（华中工学院）和重庆（重庆大学）两地讲学，参加这次讲习班的成员大多成长为中国第一代生物力学研究队伍的骨干。为了促进祖国生物力学的发展，冯元桢在时任中国医学科学院院长黄家驷和华中工学院院长朱九思等的支持下，发起组织了中、日、美生物力学国际学术研讨会（后扩展为中、日、美、新加坡四国）。首届会议于1983年在中国武汉召开，冯元桢在会议上提出了关于组织和器官应力—生长关系的假说（冯元桢假说），揭开了生物力学发展史的新篇章。为表彰冯元桢先生对祖国科学和教育事业所做的贡献，由成都科技大学上报材料，中国科学院1994年授予其外籍院士的称号。

康振黄与冯元桢是原中央大学的校友，又都毕业于航空工程专业，但毕业后一个在美国，一个在中国，并不知道对方的情况。冯元桢第一次回国来的时候，他们互相都还没有相认。一直到1983年5月，在武汉参加中、日、美第一届生物力学国际学术讨论会，作为会议主席的冯元桢特邀康振黄作了"人工心瓣的近期研究进展"的报告。报告受到了冯元桢、毛昭宪等国外专家的好评，会后攀谈起来才知是大学同学，而且更为凑巧的是，两人均是从航空工程专业转而进入生物力学研究领域，而在生物力学的顶尖国际学术会议上相逢，殊途同归，成为一段佳话，因而受到与会同行的热烈祝贺。

图6-2 出席在德国举行的第五届欧洲生物力学学会学术大会期间与冯元桢（右）合影（1986年9月，家属提供）

继冯元桢先生之后，美

国生物固体力学家毛昭宪①教授、心血管血流动力学家黄焕常②教授、欧洲生物力学学会秘书长 Huiskes 教授和美国宾州大学 Mak 博士等，先后来成都访问，到成都科技大学讲学，康振黄与他们进行了广泛的学术交流。他还同欧洲、日本这些在生物力学研究方面走在前列的同行建立了广泛的学术联系。短短几年间，国外来校讲学和访问的生物力学专家达三十余人次，他们在研究生出国留学、进修教师培养、实验室建设、仪器设备购置、图书资料收集等方面都给予了很大的帮助。

1979 年 11 月，美国国家科学顾问、哥伦比亚大学伦塞勒多科性工学院生物力学实验室主任毛昭宪（现为美国科学院、医学科学院院士）率领美国第一个生物医学工程代表团来到中国，到北京、广州、成都访问。在成都，康振黄与之进行了交流和探讨。学术交流、访问，对康振黄的思想有很大的启发。

康振黄的合作研究者陈君楷谈道：

> 1978 年年底（康振黄）就开始联络，1979 年开始一批一批的专家到访，那个时候外国的专家访问中国也很积极。所以当时第一批来的就是 1979 年下半年，以毛昭宪为代表的组织了一大批国际的生物医学工程和生物力学专家，因为毛是美籍华人。毛昭宪是从台湾去的，在

---

① 毛昭宪（Van C. Mow），浙江省奉化人。美国生物工程学家，美国国家工程院、国家医学院院士，是美国第一位华人"两院院士"，也是中国科学院首批外籍院士之一。被称为是美国"骨骼生物力学三巨头"之一。曾任美国国家工程院生物工程部主席，哥伦比亚大学生物医学工程系主任，上海交通大学、北京航空航天大学名誉教授。美国航空航天局（NASA）航空医药及外太空环境医药委员会的委员。美国机械工程学会有以他的名字命名的"毛昭宪奖章"，奖励那些在生物工程学研究教学领域做出杰出贡献的学者。著有《骨科生物力学基础》《生物力学和机动关节》《细胞力学和细胞工程学》《基础整形外科生物力学与机械生物学》《膝关节半月板：临床基本功能》等。

② 黄焕常，研究领域主要涉及人工心脏瓣、血管和辅助循环装置，包括全人工心脏实验等。早年毕业于台湾成功大学，美国科罗拉多州立大学获博士学位。美国休斯大学敦贝勒医学院教授、心血管流体动力学实验室主任。曾任英国伦敦大学医学工程客座教授，美国孟菲斯大学、迈亚米大学等讲座教授，上海第二医科大学和第二军医大学名誉教授。自 1977 年开始，为北大西洋公约科学部（NATO-SAD）组织了四次在心血管工程领域上的尖端科学研究讲习班。国家卫生研究院（台湾）院士，特聘研究员兼医学工程研究所所长。见：北京航空航天大学新闻网，http://news.buaa.edu.cn/xswh/70091.htm。

图 6-3　美国著名生物力学专家毛昭宪（前排右五）访问成都科技大学
（康振黄位列前排左三。1979 年，家属提供）

美国生物医学工程、生物力学方面非常著名的专家，他当时是在哥伦比亚大学，专门有一个生物力学实验室，但是他的主攻方向是骨骼、运动、关节结构、功能等，特别是骨骼受力变化的机理，基础研究做得很好，所以在美国这方面他是一把手。他是先带了一批人来，包含了很多著名的专家，比如胡流源等，当时是加州大学的教授，一行十几个人。还有各国大学和研究机构的，到我们这里来讲学，但是毛昭宪主要讲骨骼、肌肉，当时我们就看着很新鲜[①]。

1984 年 12 月，美国生物力学专家、休斯敦大学黄焕常教授访问成都，期间对四川省人工心瓣研究和生产提出了很多建设性的意见。25 日上午，参观了成都科技大学生物医学工程中心，看了生物力学实验室关于人工心瓣的体外模拟实验及牛心包力学性能实验情况、医用高分子材料实验室关

---

① 陈君楷访谈，2015 年 4 月 30 日，成都，资料存于采集工程数据库。

图 6-4　康振黄（右二）接待美国生物力学专家黄焕常（左三）参观实验室
（1984 年，四川大学生物力学实验室提供）

于牛心包的处理和缝瓣工艺情况、机械瓣材料研究组的热解碳沉积试验情况，在与研究人员座谈时谈到对成都瓣膜研究、生产工作的意见和建议，黄焕常说："我这次看了以后总的印象是：比我所听到的和想象的进展速度要快得多；虽然仅仅是开始，但各方面都已有了相当的规模；你们各组的班子（研究队伍）都顺了，主要的人都选得很好。我上次来成都到现在才隔了一年半，进展变化这么大，我感到相当惊奇。在全国来讲，你们的研究工作确是处在领先的地位。"[1] 他还多次到成都科技大学讲学。

"紧接着就是得克萨斯州的休斯顿大学生物工程系教授、美籍华人黄焕常。他研究心学、动力学、心脏瓣膜，他研究机械的瓣膜和生物的瓣膜，把它缝到钢架上面，代替生物心瓣。"[2]

---

[1]《四川省生物医学工程研究开发中心简报：美国休斯顿大学黄焕常教授 1984 年 12 月访问成都期间对我省人工心瓣研究和生产方面提出的若干意见和建议》，1984 年 12 月 30 日。
[2] 陈君楷访谈，2015 年 4 月 30 日，成都，资料存于采集工程数据库。

图 6-5　美国著名生物力学专家卡克尔（右一，对面为康振黄）在成都科技大学讲学
（1982 年，四川大学生物力学实验室提供）

1985 年 10 月，以毛昭宪博士为团长的美国生物力学代表团一行于 13 日至 29 日对我国进行了学术交流及访问活动。这次毛博士的访问是经国家教委批准，由四川省副省长、中国生物力学专业委员会主任、成都科技大学力学研究所所长康振黄联系，应四川省科学技术委员会的邀请而来的，代表团包括四名工程学教授和四名骨科医生。在成都，康振黄与他们进行了学术交流和探讨。

走出去——向国外同行学习

康振黄曾经说过，世界是多元的，多样的，开放的，互补的。交流访问是在"各美其美"的基础上，通过"美美与共"，达到更高的美。而实际正如他所言，中国生物力学、生物医学领域，正是有了广泛而有效的对外交流与合作，才从起步晚、技术设备落后，条件相当困难的情况下，一跃而起，在很短的时间内跻身世界先进行列。

1980年7月，康振黄应邀参加了美国戈登生物工程与矫形科学的学术讨论会，并在会议上作了"中国生物医学工程的发展"的报告。在这次学术会议上，他获得了有关生物医学工程的最新信息，开阔了视野，启发了思维，萌发了应用近代工程科学和物理科学来解决医学和生物学问题的强烈愿望。对于这次会议的情况及其影响，康振黄回忆道：

> 1949年我在美国念书，念完以后回来，直到1980年，这当中，我们和国外没有交往。十一届三中全会以后，1980年，我第一次出去参加一个在美国召开的"戈登会议"。这个会和规定的普通会不一样，不发文件，不许带照相机，也不许带录音机进会场。因为会上讲的都是科学家刚刚想到的一些新思想、一些苗头，或者是一些初步的试验，都是用幻灯片显示的。会议里边确实有许多新思想，当时我觉得很高兴。我参加的这个会就是戈登生物工程会议（Gordon Conference on Bioengineering）。我们闭塞了那么多年，1980年初次出去开眼界，对这个生物工程会议感到很新鲜。但是，当我出去看到一个会议系列表，就是当年开的戈登会议，都是这种新兴的前沿性的会议，确实很感惊异。当年有多少个这种会议呢？九十九个。那么，这许多学科是怎么产生的呢？就拿我参加的生物工程会议来说，就是工程学和医学、生物学的结合，就是学科间的互相交叉、互相渗透，就是把工程科学用于医学、用于解决医学和生物学的问题，而有了生物医学工程，或者生物工程这样的新兴学科。对这个趋势，当时感觉到很出乎意料。从会议的名称来看，好些听也没有听过，内容更是非常新鲜，非常陌生。①

康振黄对同事们说，我们就去找那个世界前沿的、人家没有解决或正在解决的，我们就搞这个，不能去跟着人家的后面走。

---

① 康振黄：当前世界科技发展动态及对策。见：《转变年代的科学：当代科学技术述评与展望》。四川科学技术出版社，1992年，第14—15页。

1981年，在康振黄、吴和光教授的联络和组织下，以著名生物医学材料专家、成都科技大学乐以伦教授为团长的"四川省人工心瓣考察团"到美国访问，广泛地学习、吸收他人的先进经验。同时，这个团队的其他研究人员也经常出席国际学术会议，开展学术交流，选派人员出国学习，使得他们进步很快。

> 康老就和黄焕常联系，由他（黄焕常）来组织接待，落实访问点。1981年，专门组织了一个四川省人工心瓣考察团到美国，走了一圈，二十多天时间，基本上那些主要的研究点都看了，休斯顿那个实验室，然后到了加州、洛杉矶、圣安娜，那里都是制造瓣膜。圣安娜，这个地方有个大的生物力学工程中心，它是研究和制造机构，它有研究部，有专门生产的那一部分，很多心脏瓣膜都从那里出来。然后又到华盛顿、麻省，北方甚至到了克利夫兰，医学中心也很好。[①]

1983年11月至12月，受美国休斯顿大学黄焕常教授邀请，康振黄率领"四川省人工心瓣考察团"赴美，考察了美国多所大学、研究基地、生产公司关于人工心瓣和心脏辅助装置的研究与生产。

康振黄研究团队的同事谈道：

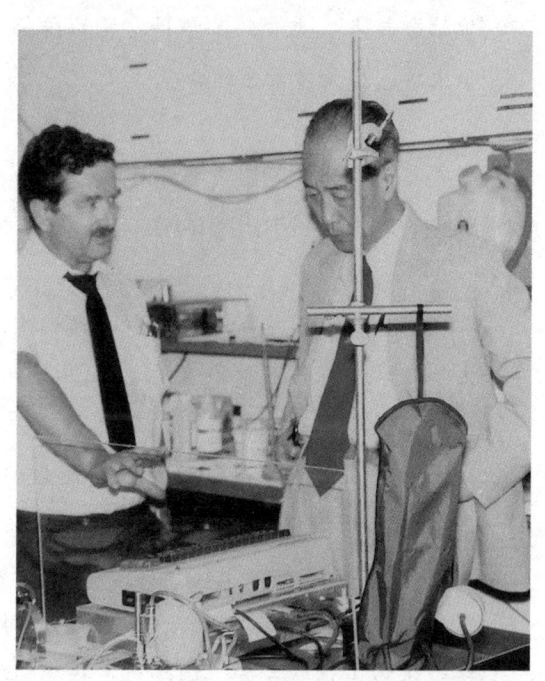

图6-6　参观美国Jack Lewis实验室
（1983年，四川大学生物力学实验室提供）

---

① 陈君楷访谈，2015年4月30日，成都，资料存于采集工程数据库。

图 6-7　访问美国 Vermont 大学脊柱研究实验室
（1983 年，四川大学生物力学实验室提供）

国门打开以后，我们看到外面研究的东西很多，以力学为基础的生物力学工程也发展了很多，生物的电子学、生物方面的仪器也发展起来了，还有生命材料等研究。康振黄是研究力学的，所以就做生物力学研究。他认为，科学的发展只有不同学科的综合、交叉，才产生新的学科，特别是那些边缘的研究。他一直提倡综合研究，提倡多学科的结合，将医和工、理科学结合起来。他看到了学科发展的趋势，也看到我们这个学科，正在和医学、生物学紧密结合。

康振黄在后来的回顾文章中也谈到了他从传统工程力学转而从事生物力学研究的过程，其中出国访问、学习交流对他的影响很大：

> 1988 年，我参加了另一种性质的生物医学工程会议，即首届世界生物医学工程与医学物理学大会。8 月 6 日到 12 日在美国得克萨斯州圣安东尼奥召开。这又给我个启发，看起来还是学科交叉、渗透、边界上面的生长和发展。这个趋势越来越明显，从 1980 年到现在，不但不衰，而且继续有所发展。这个会议，从组织会议就看得出来，是很多个学会共同组织、跨学会的学术活动。叫世界大会（World Congress），确实是比较符合实际的。除了两个发起单位——国际医学与生物工程联合会、国际医学物理组织以外，另外还有七个组织参加进来，所以这次会议是九个学会或者说学会的联合体主办的国际会议。从这个会议的性质来看，就是两大方面的交叉联合：一方面是工程学、力学、物理学，另一方面是医学、生物学。这两大方面互相交

叉：力学和生物学构成生物力学，物理和医学构成医学物理，工程和医学构成医学工程……我是应大会主席邀请去的，有论文报告……同时接着开了一个会，就是准备1990年开首次世界生物力学大会。生物力学这个新的交叉学科，已经发展到可以专门开世界大会了。当时为1990年的这个大会已经组成了一个指导委员会，相当于主席团，这是国际学术界推定的，一共二十六人，中国大陆就推了我。这个会议的指导委员会主席是美籍华人冯元桢……会议之前举办了十六个短期讲习班，都是跨学科的、交叉的，都是新兴学科。至于会议的分组，更是说明问题，细到人工心瓣专门是一组，原来会议主席约我去，也就是希望我在这个组上交流一些工作。我们在这方面也是刚起步，多少做了一些工作。会议分设人工心脏组已经很了不起，而现在人工心瓣也成为一个专门组，而且开了三次会，二十八篇文章，说明学科的交叉、渗透趋势是比较明显的。我原来是搞力学的，力学是物理学的一部分，力学由于和其他学科结合而大大发展了。且不说微观的什么量子力学、统计力学，就是宏观现象里面的力学，现在已经有一百多个分支。这些分支都是力学和别的学科结合而产生，而且这个趋势势不可挡。[1]

康振黄后来常常对他的一些同事讲：我们搞力学的如果死守"力学"这块阵地，以后会没有饭吃。搞纯力学，其他东西都不要、都不搞，这样人家就不找你了，太纯是不行的，必须交叉，必须杂交。

图6-8 出席首届世界生物医学工程与医学物理学大会（1988年，美国。家属提供）

---

[1] 康振黄：当前世界科技发展动态及对策。见《转变年代的科学：当代科学技术述评与展望》。四川科学技术出版社，1992年，第15-18页。

第六章 开辟生物力学研究新领域

组建联合团队　　创新研究运行机制

　　通过一系列的学习、考察以后，康振黄选定研制人工心脏瓣膜这个方向。这是一个应用性的课题，涉及生物医学、生物力学等很多方面的知识，而且还有缺乏经费、人员、地址等很多的困难。这些困难中的任意一个，都是至关重要的，这对于已近六旬的康振黄来说，是一个巨大的考验。面对当时一穷二白、白手起家、从零开始的艰难挑战，康振黄以大无畏的勇者气概，鼓足勇气，挺起胸膛，毅然去迎接这个充满了荆棘、前景未卜、结局难料的征途。

　　万事开头难。当时康振黄面临的是"三无"局面。一无专业人员。包括他自己这个带头人在内，以前都没有生物力学的专业知识，需要从头开始学习。二无资金。国家刚刚经历了一场大的动荡，经济极度困难，各方面都需要资金，对于这个新兴科学所需的研究经费，成都科技大学的财务预算开支里面还顾不上，需要自己去找钱，去想办法解决资金问题。今天有人说，能用钱解决的问题都不是问题。可是在当时，在八十年代初的中国，钱就是一个很大的问题。三无场地。那个时候，国家实行改革开放政策，教育、科技迎来了春天，各个方面都在谋求发展，都需要房屋、场所。这些问题，每一个都需要康振黄去考虑、去解决，就像打仗攻克敌人的堡垒一样，每一项都是一场攻坚战。然而，面对这些困难，康振黄依靠自己的智慧和力量，紧紧团结身边的人，硬是一个一个地攻克了。

　　首先是人员的问题。在队伍的组建上，康振黄实行自愿组合、来去自由的方略。靠事业凝聚人心，校内一批有志于献身新学科的研究人员，纷纷投其门下。系党总支副书记陈君楷等几位力学系教师率先积极响应参与进来。同事陈君楷说："我当时是工程力学系党总支副书记，我就说，我来做这个志愿，当时很多人都不愿意做，它要转行嘛，转行之后以前学的不是就没用了吗？你还要去学生命学、解剖学，还要和医生打交道，然后转到这个方向，原来的东西，都用不上了，只是作个基础。不像当时搞固体力学、流体力学，用现成的东西，反正教材也是熟悉的，教案、笔记什么的都是很全的，上课也不用多准备。而生物力学这个东西完全就是新的，好多人不愿意，所以当时我就当第一个志愿者，我就转行了。"①

学计算机的袁支润的调入，颇费了康振黄的一番心思，也极大地优化了研究团队的结构。当时，计算机在中国应用的时间还不长，人才十分缺乏。但康振黄考虑，像他们这种需要大量计算工作的研究课题，如果能使用计算机部分代替人工计算，将大大地节约时间。他打听到省级机关一位同事的丈夫是学计算机的，在外地工作，很想调入成都照顾家庭。但那个单位也需要这方面的人才，不肯放人。为此，康振黄跑了很多路，想了很多办法，做了很多工作，才把袁支润调过来，使得他们的研究工作一开始起点就很高、很规范。

袁支润回忆说：

我是1984年初调到这里的，调到这里有个戏剧性的过程。我在十所工作，所里面搞卫生，我就随便说了一句话，到所里太远了，到学校很近。结果一个同事就提到了一个信息，这边（成都科技大学）一个环境专业方面的领导说他们需要人。后来生物学的组长知道了这件事情，就告诉康老，康老就向我们所的所长大致了解了一下我的情况，希望我过去。所长没同意。后来在美国工作的一个华人要来这里参观，我们实验室主要的一套系统，就是那个自然基金的项目，我们已经做了两年始终无法演示，我过来加班加点做了三天，基本上可以运转、可以参观了。后来康老给所长做了很多工作，说他们就要定了，让我过去，所里面再要人，在省里面调。所里就把我放过来了。②

---

① 陈君楷访谈，2015年4月30日，成都，资料存于采集工程数据库。
② 袁支润访谈，2015年6月11日，成都，存地同上。

第六章　开辟生物力学研究新领域　55

由于袁支润的加入，研究过程使用了计算机控制、分析、计算，加快了研究进度，提高了分析数据的精确度，使得康振黄研究团队成为我国较早使用计算机技术进行科学研究、数据分析的单位之一。

在组建队伍的同时，康振黄到处去"化缘"、找钱，找学校有关部门、单位，找省市科技、高教主管部门，多方筹措，使项目有了启动资金。然后找房子，康振黄找到学校领导，学校很支持这个项目，想办法给他们一套教授住的家属房，大概一百多平方米，在底层，因为好放机器，车床、仪器、检测设备等。在家属房里做了将近两年，直到学校修建科技楼，他们利用项目的经费及多方筹措，花了几十万元，得到学校科技楼的一层房屋使用权，才算彻底解决了用房问题。

同事陈君楷介绍了这个艰难的过程：

> 康振黄1981年回国就开始搞，学校也很支持这个项目，但是当时没有房子，怎么办呢？就给了一套教授住的家属房，大概一百多平方米。后来学校修了一栋科技楼，那个时候学校资金也不足，所以大家筹，谁出钱就给谁使用。我们当时就下决心，弄了一层楼，四五十万元吧。修了楼以后我们才搬过来的，不过那都是后来的事了。之前就在家属楼、实验室里面做。[①]

在人员、资金、场地这些基本问题初步解决了以后，康振黄率领团队，按照选定的研究方向，向生物力学这门新兴学科发起了冲刺。康振黄采取了在当时来说是非同寻常、具有开拓性的举措来推动这门学科在中国的研究与发展。他组织开展科研攻关，在他的感召下，学校生物材料、化工机械、心外科、基础医学、计算机的有关研究人员陆续地汇聚到这里。这是一个综合性、多科性的理、工、医结合的课题，在校内，康振黄组织工程力学、高分子材料、化学工程、电子技术系实行了跨系、跨学科的横向联合；在校际，他联合省内的大学、研究所，进行攻关，广邀有关大专

---

① 陈君楷访谈，2015年4月30日，成都，资料存于采集工程数据库。

院校的理、工、医学工作者为这门学科的发展献计献策。特别是与毗邻的华西医科大学以吴和光①教授为首的生理学、胸外科、骨科、口腔科的医生合作,在两校之间建立了"生物医学工程联合研究委员会",开展了紧密型的理、工、医跨校、跨系、跨学科的生物医学工程联合研究。以此为基础,与他们建立了长期稳定的合作关系,包括科研合作与人才培养合作。在合作中他们有分工。康振黄和华西医科大学的吴和光院长两人分工,康振黄团队负责基础理论研究,搞心瓣、血管装置循环系统等心瓣设计和材料、制作,产品制作。华西吴和光院长团队负责动物试验和临床试验这两项,搞生物相容,血液相容性试验,然后确认没有问题之后,就用到动物比如羊这些身上,然后到人身上。②这种组织形式,在七十年代末、八十年代初,是极为罕见的。

图6-9 出席在日本举办的第三届世界生物力学大会与同事袁支润(左)留影(1998年,日本。袁支润提供)

康振黄谈到与华西医科大学的合作:

> 1979年,在我校和华西医科大学两校领导的倡导和省科委、省高教局的支持下,我们开展了校内、校际的合作。我校一些有志于献身新学科建设的力学工作者,转而从事生物力学的科学研究。从那时

---

① 吴和光(1910-1994),外科专家,四川巴县人,1936年毕业于华西协合大学医学院,获医学博士学位。历任四川医学院附属医院院长,四川医学院教授、副院长,世界卫生组织专家咨询团成员,中华医学会第十七届理事,中国生物医学工程学会第一届常务理事四川省。

② 陈君楷访谈,2015年4月30日,成都,资料存于采集工程数据库。

第六章 开辟生物力学研究新领域

起，他们在校内与高分子材料系、化学工程系、电子技术系的同志们实行了跨系跨学科的横向联合。在校际，与华西医科大学的生理学、胸外科、骨科、口腔科的医生们实行跨校合作，开展生物医学工程和生物力学课题的联合研究。经过八年的努力，我校生物力学学科建设获得了很大的发展。①

康振黄本身学的航空工程，专业具有跨学科的特点，涉及空气动力学、固体力学、材料、控制电子、雷达、通信、计算机，是高度的学科交叉。人工心瓣的研究，是一个大团队，涉及很多学科——机体理论、流场关系、材料、精密加工，加工工艺跟不上，直接挑战八十年代加工工艺的巅峰。人工心瓣研究出来以后，他们找不到加工制作的单位，最后在军工企业才找到。制作要符合要求，当时我国整个的工业基础没有跟上，之所以没有把这项研究作成产业，是因为康振黄这个研究太超前了。这个研究的性质决定了一定要做好团队建设，让有各种学科背景的人参加进来，与华西的胸外科、心外科、工科、化工、材料、电子学科合作。

联合攻关的优势很快显现出来，康振黄研究团队在短短时间内获得了丰硕的成果。自1979年起，在他的带领下，成都科技大学成为在全国最先建立起相当规模的生物力学实验研究室的大学之一，生物力学学科建设获得了很大的发展，培养出一支有较高学术水平的科研队伍，有的已成为我国目前这一领域的领军人物。开展了生物流体力学、生物固体力学、运动生物力学等多方面的研究，并形成了心血管系统血流动力学，心血管系统人工器官，骨、软组织生物力学及临床应用，生物系统及力学模拟系统的信息、控制与数据处理等多个有特色的稳定的研究方向。承担了十余项国家和省的重点研究项目，完成了一批在国内外有影响的科学论文和成果，先后十余次在国际学术会议上宣读论文。生物力学学科的发展同时还带动了校内"医用高分子材料""医用热解碳材料""人工器

---

① 康振黄：生物力学的性质、内容及其研究方法。《四川体育科学》，1982（3）。

官""生物信息与控制"等多个新兴学科的迅速发展，形成了多学科综合研究和人才培养体系。这些学科在今天仍然是尖端热门、极具发展前景的学科。

明确主攻方向　取得三大成果

在确定了生物力学的研究方向以后，康振黄和他的研究团队在建构生物力学的理论体系、进行心血管系统血流动力学及心血管系统人工器官的研究、推动和宣传生物力学在中国的研究和发展方面，做了大量的卓有成效的工作。

在研究的过程中，康振黄和他的研究团队确立了心血管系统血流动力学及心血管系统人工器官，骨、牙和软组织的生物力学及临床应用，生物系统及力学模拟系统的信息、控制与数据处理，这三个比较稳定的主攻方向，并形成了若干研究特色。在第一个研究方向"心血管血流动力学及心血管系统人工器官"上有两个特色：一是天然心瓣和人工心瓣流体动力学系统的基础研究与应用研究，包括人工心瓣的设计理论及性能测试技术；二是人体血液循环系统的模拟理论及装置。在第二个研究方向"骨、牙和软组织的生物力学及临床应用"上，其主要特色是：关节软骨的流变性质、润滑机理及关节韧带力学的研究；牙的矫形生物力学研究。在第三个方向"生物系统和力学模拟系统的信息、控制与数据处理"上，其主要特点是研究体内和体外试验中的自动控制、真实的和模拟的各种生理信号的自动采集、记录、显示和数据处理技术。

康振黄说：

当时我们已经建设了一支有二十一人的学术梯队。这支队伍经过较长时期的生物力学教学和科学研究实践，带有多学科的综合性，层次结构较为合理。已经建起了具有相当规模的实验研究基地，包括

"心血管血流动力学研究室""生物固体力学研究室"和"生物信息与控制研究室"。①

建构生物力学研究体系

由于生物力学是一门在国际上刚刚兴起不久的新兴学科,国内科技界还比较陌生,只有为数不多的大学、研究机构的学者初步涉足。作为中国生物力学界最早的研究学者之一,康振黄在前期的研究中,重视基础理论的研究,做了大量基础性的开拓这门新学科的工作,比如界定生物力学学科的性质、研究对象、研究内容,与其相邻学科生物医学工程学科之间的联系和区别;梳理国际学术界研究的成果和理论观点,继续完善这门新学科的一些基础性研究,比如继续建立一些概念,提出一定的理论。这对我国生物力学的后期发展无疑起了奠基性的作用。

康振黄的博士牛樊瑜波说:

> 像研究生物力学这样的新学科,首先要进行专业拓展,然后才能说得上自己的发展。要让学术界了解、认可了这门学科,才能谈得上开展自己的研究。康先生前期付出了大量的心血来介绍这门学科,得到行业认可,认识到在国民经济中的地位,然后才能再深入该领域进行深入的研究。②

在广泛钻研、分析、概括、总结国际学术界最新研究成果的基础上,康振黄逐步形成了自己的生物力学研究体系。在1982年3月四川省体育科学学会举办的运动生物力学研究方法讨论会上,康振黄初步地、比较系统地阐述了这门新学科的性质、内容及其研究方法。他认为,生物力学是现代力学和生物医学工程中很活跃的一个分支。生物力学的性质和内容可以概括为:①把力学的概念、理论、方法用于了解和确定生物组织和生物器

---

① 康振黄:生物力学的发展在于走跨学科联合的道路.《成都科技大学学报》,1987(3)。
② 樊瑜波访谈,2016年11月6日,北京,资料存于采集工程数据库。

官的力学性质以及它的作用规律；②把力学和医学、生物学的方法结合起来，研究生物体的力学特性和功能特性之间的联系；③从对生物体结构在受力和动作时的作用方式和规律的研究，发展到有关工程技术的模拟和应用问题的研究上，即从体内力学发展到体外力学。在生物力学的研究中，要明确它的性质和内容，也要明确它的研究方法。研究生物力学需要有一定的理论基础，更要有一定的实验、测试，还要有一定的组织形式，要有实际的应用对象。生物力学的研究不妨从一个具体的、实际的，哪怕是个小问题入手。

首先，生物医学工程的发展是把工程科学和物理科学（如机械、化工、原子能等都包括进去），与生命科学结合起来，交织形成的跨传统学科的一个范围很大的新学科领域。所以生物医学工程最主要的特点，就是把原来相互隔绝的几大部类的学科结合起来解决实际问题。生物医学工程有一个很活跃的分支，即是生物力学。无论是在这方面的会议，还是在刊物上反映出的，生物医学工程中很大一部分内容是生物力学，也就是在这当中力学和生物学、医学结合起来走得较快。

康振黄认为，现代力学，从宏观现象范围来看，总的分为六个大部类：第一部类是理性力学和数学方法，第二部类是自动控制，第三部类是固体力学，第四部类是流体力学，第五部类是热力科学，最后一类是多科性力学，即综合力学，是很多传统学科交叉形成的。以上每个部类又分别包括一二十个分支，所以总共有七十多个分支。生物力学即是这第六部类中的极为活跃的一个分支。因此，无论从生物医学工程领域来看，还是从现代力学发展来看，生物力学都是活动最多的、最有生命力的。

我前不久为一个杂志《大自然探索》写的一篇文章里，对生物力学的性质和内容作了如下的概括：①生物力学是把力学的概念、理论、方法，用于了解和确定生物组织和生物器官的力学性质以及它的作用规律。这是生物力学的基础内容，现在大量的生物力学研究内容是属于这方面的。②把力学和医学、生物学的方法结合起来，研究生物体的力学特性和功能特性之间的联系。在了解生物材料和生物器官力学性质和作用规律以后，核心和关键的内容就是它的力学特性和功能特性之间有什么联系，也就是研究生物体的力学表现和它的生理效应、病理效应之间有什么关系。因为只有把它的力学表现同它的生理、病理效应之间的联系明确以后，我们才能把生物力学的东西用在诊断、治疗、护理保健以及体育锻炼等方面。但目前这方面的研究还不是大量的。③从对生物体材料进行它的力学性能研究发展对人工材料的研究；从对生物体结构在受力和动作时的作用方式和规律的研究，发展到有关工程技术中的模拟和应用问题的研究。简言之，就是从体内力学发展到体外力学。

康振黄认为，实际上现在体外的力学就是工程力学，就是在大自然中（包括天体）的力学。如果把体外的力学的概念用到观察体内去，有结构、运动、变形，什么东西都有。所以我们一方面可以运用体外的工程力学的知识，来解决我们体内的力学功能的问题；同时也可运用我们对于体内的一些生物力学现象和规律的知识来解决体外的工程技术问题，但目前这方面的研究很少。所以从当前来看，第一种内容是基础性的，也是大量的；第二种内容是核心的，关键性的；第三种内容是更广泛的，将来更有发展前途。

他认为，在生物力学研究当中，要明确它的性质、内容，也要明确它的研究方法。研究生物力学，需要一定的理论基础；更要有一定的实验、测试；要有一定的组织形式；要有实际的应用对象。从生物力学的理论基础来看，如果要看得深远一点，还不仅是现在我们一般讲的材料力学、流体力学，应该更彻底一点，叫"连续介质力学"，或者叫"连续体力学"。当然我们讲的材料力学、弹性力学、流体力学也都是连续体力学，但它们的水平已经不能适应现代生物力学的需要。从力学的发展来看，自牛顿力学到现在经过了两百多年时间。从十九世纪末，到二十世纪中叶，力学界的工作侧重于把传统力学同工业生产、工程技术实际问题结合起来，促进了许多技术的发展，特别是航空、宇航技术。而这当中，力学的什么内容同技术结合得更紧密呢？他的看法是，力学中的运动规律的研究同生产技术的结合较多，而力学里的物质性质的研究同生产技术的结合相对少些，即运动性质（动性）的研究和生产技术发展结合较多，而物性研究同它的结合要相对少些。所以现在尽管航空、宇航技术的发展很高超，但我们在这里用的基本物性是弹性力学、非牛顿流体力学还占很重要的内容。这就是说物性考虑不多而以动性为主。不过这种情况到二十世纪五六十年代发生了改变。这是因为随着工业生产的发展，新的材料问题变得更为突出，原有材料的使用范围也有扩展，物性研究上升，力学在这方面有了新的内容，它的基础就是连续介质力学。连续介质力学就是在传统力学规律的基础上结合广泛的物性研究，即物性的本构关系的研究，这些内容已经超出了弹性力学、材料力学、流体力学的范围，不少内容是这些学科中过去根本未讲到的。生物体材料如骨骼就不是弹性体，血液也不是牛顿流体，血管管壁也不是弹性体，而是黏弹体。所以如果运用传统力学解决一般工程问题的方法来解决生物体的问题就不行了。这就给我们提出了一个新的命题，即生物力学要有新的力学基础。因此，他认为搞生物力学的同志不妨就从连续介质力学这个基础抓起，迎头赶上。如果没有连续介质力学作基础，我们是很难了解生物组织和生物器官的物性问题并掌握它的基本规律的。

实验、测试非常重要。康振黄认为，生物力学的研究如果离开实验、测试手段，研究将一筹莫展。这是为什么呢？从生物力学的动性问题来考虑，是原来力学没办法解决的。如我们想测生物体内某部分的运动、位移、血管膨胀，拿什么作坐标呢？测汽车、飞机运动，有个坐标系可固定，测卫星也有，但血管的搏动，因为浑身都在动，怎么定坐标呢？动性的测量比理论力学还困难。又如采用一个非损伤性的测量，又怎么测呢？而且体内很多东西都是相连的，测任何局部都要受到周围组织的影响，因此仅动性这一点就卡住了。他听说四川省体育科研所进了一台日本仪器（运动图像分析仪），它可以分析描述运动的位移、速度、加速度、随时间的变化曲线。牛顿定律告诉我们：质量乘加速度就是力。如果通过统计测出质量，力也就找出来了。我们则可分析什么力量最适合该项运动，以及怎样发展加大这个力。所以，动性的测量非建立在测试的基础上不行。

另外再从物性来讲，它更需测试，因为工程材料不能告诉我们骨头是什么材料。口腔科的同志告诉他，要测牙的咬合力、牙的强度，要知道牙受的力究竟有多大，力学性能究竟怎样。现在教科书上也没有，有的只是国外的测试数据。但那是外国人的，中国人的牙齿究竟怎样呢？牙齿结构是很复杂的，有牙釉质、牙骨质、牙本质及其牙髓，也不是单一组织。所以换个假牙究竟能不能替代真牙，有多大把握？有医生告诉他一个简单的测法，即嚼花生米，在规定时间嚼后吐出看磨碎程度，最后可分析牙的咬合力。但这不是十分科学的方法。所以这一切告诉我们，人体有很多未知数，无论对它的物性，还是动性，都需我们下很大功夫研究。骨髓、肌肉、皮肤、韧带、肌腱、血液血管等都需测试。所以，他认为生物力学的研究方法离不了测试。

对于研究的组织形式，康振黄提出，生物力学的研究固然要形成学科梯队，但更要组织联队。因为单纯靠一个学科攻生物力学是不可能的，它必须是一个联合作战的队伍。这里包括搞体育运动的，搞生理、医学的，搞自然科学、工程技术、应用力学的。如今国外对多学科组织的联队方法论已经认为是一门专门学科，因为有这个需要。而生物力学比其他力学更需要这样的联队。这个联队组织工作本身就是研究工作的一部分。我们所说的联队不仅是搞力学的人加上一个医生，而是搞力学的人必须学一点医学、生理学，医生也学一定的力学，使之有共同的语言，而各自又有所侧重。

> 我曾去美国参加的那个会议，就有这种特色。当然他们也不像我们这样有计划、有组织，而是靠个人兴趣，凭着现代交通和通讯建立联系。但在每一个组合里，总有几个主要学科的人，彼此往来十分密切。不但会议交流多，平时讨论亦很频繁，交通交流工具也方便，相

互了解彼此的学术发展。而我们搞联队，比他们条件更好，我们可以为一个共同的目标组织起来，形成联队，进行深入的研究，发挥集体的作用。另外在这种多学科联队里，对别人的意见尽可能地给人家"正反馈"，少给人"负反馈"。

康振黄提出的关于生物力学研究要组织团队的思想和方法，在我国七十年代末刚刚实行改革开放，正在举国批判"文化大革命"中的吃大锅饭、以集体主义为名的职责不清，效率不高，无人负责，主张责任落实到人的社会大背景下，是要冒一定的政治风险的，因而也是非常难能可贵的。

关于生物力学的研究工作从哪里入手？康振黄认为，不妨从一个具体的、实际的、哪怕是个小问题入手。这讲起来显得空泛，但却是实际可行的应走的路。

我曾请教过国外搞生物力学的朋友，他们也建议我们从具体的小问题搞起。比如他们建议搞生物力学最好由医生从实际中提出问题，再来研究，否则我们想的问题往往是空题目。我们搞运动生物力学也最好这样，从教练员、运动员那里提出些实际的问题，然后搞力学和其他学科的同志再共同围绕这个题目想办法，考虑用什么理论方法和实验方法来研究，这就比较具体实在一点。[1]

他认为，无论是理论还是实际，都是为解决运动技术和指导训练，提高运动员的素质和竞技水平，据此进行测试工作，拿到测试数据后做相关分析，继续深入下去，并在这个过程中不断发现新问题，丰富学科理论体系，发展学科研究方法，这样，整个学科的研究也就发展起来了。所以一开始大家不要把研究内容看得很完善，而应从实际问题出发，从具体问题着手，在解决问题中充实理论基础，建立试验手段，把合作的多学科的运动生物力学研究联队的作用发挥出来，以取得好的成绩。

---

① 康振黄：生物力学的性质、内容及其研究方法。1982年3月在四川省体育科学学会运动生物力学研究方法讨论会上的发言。《四川体育科学》，1982（3）。

康振黄是这样认为的，也是这么做的。他在基本建立起生物力学的研究体系以后，开始转入了对实际问题的研究。在对人工心瓣具体项目的研制过程中，他们也是从搞清楚理论知识、理论原理入手，把涉及相关的心脏瓣膜的基础知识学懂、弄通，用理论来指导实际制作。在建立模拟人工心瓣体外血液循环装置的过程中，通过对人体血液循环的流体力学规律的实验、研究、分析，创立了国际上第一个人体心瓣流体动力学学科。

图6-10 康振黄（左一）在生物力学实验室与研究团队成员探讨（1986年，四川大学生物力学实验室提供）

图6-11 康振黄（左一）在生物力学工程实验室与同事们研究（1986年，四川大学生物力学实验室提供）

在康老的指导下，我们重视基础理论，比如我们设计瓣膜，设计双叶翼型瓣的时候，就要看理论，如机翼绕流理论。我们当时就先去学绕流理论。然后循环系统里面，这个、那个怎么设计，也要从理论上把它搞清楚。[1]

康振黄在访问日本的时候，早稻田大学的一个教授写了一本书，介绍他们设计的循环系统。康振黄组织团队成员把这本书里的内容理解、消化了之后，又根据他们研究的实际，深入研究弹性、脉动怎么转化成电路，这两个转化方面的理论，把

---

[1] 陈君楷访谈，2015年4月30日，成都，资料存于采集工程数据库。

理论搞清楚之后，又根据人的身体情况分成几个单元，才能基本反映人身上的具体特点，有利相似度、性能的改善。把理论弄清楚了以后，他们自己建立了一个新的理论，在当时他们建立的理论是最完善、最全面的理论，大大优越于当时的其他理论。

袁支润也谈到他们刚开始起步的情况：

> 我们做了很多基础工作，基础工作发展还比较快。随后国务院方毅副总理到我们这里参观，当时是我们第一次在国内亮相。我们国内出的研究结果和人体基本上相似。[1]

为了打好生物力学知识的理论基础，他们每隔两周作一次学术报告，开始由老师负责，后面由学生负责，一周把下次的打算拿出来讨论，论文的题目在这里大家一块讨论。这个策略使学生受益匪浅。每个人都要上去讲，都要讲一段。虽然是生物力学实验室提出来的，不只他们本教研室的师生来听，全校感兴趣的都可以去听，与生物力学学科没有关联的研究生和个别老师也去听。他们做这种学术活动影响很大，而且一直在坚持做。

生物力学三大研究成果

在生物力学领域，康振黄重点研究人工心瓣。为什么要研究这个课题呢？康振黄曾说，不仅是出于学术上的兴趣，也是出于实际的需要，更确切地说，在当时的中国，我们对人工心瓣有了迫切的需要。那时，中国的人口已超过十亿，有记录的心脏瓣膜置换手术才有一千多例。事实上，更多的病人需要用这种手术来进行治疗，而没有任何一种人工心瓣能够像天然心瓣那样完善。

通过几年的努力，康振黄团队在生物医学、生物力学领域取得三大重

---

[1] 袁支润访谈，2015年6月11日，成都，资料存于采集工程数据库。

要研究成果。

之一：提出"双叶翼型机械瓣"的设计理论

自从 1960 年世界上第一个人工心瓣植入人体以来，人工心瓣的设计和临床应用取得了很大的成功。但是，它与天然心瓣相比，远未达到令人满意的程度。人工心瓣要达到理想的境界，这就要求一是生物组织及血液相容性好，二是心瓣耐久性好，三是血流动力学性能好，即与身体具有良好的相容性，减少血液在心瓣附近的滞留，减少跨瓣压差，避免引起溶血形成血栓。

当时流行的机械瓣与生物瓣相比，各有特定适宜的应用场合，如机械瓣没有因材料钙化影响功能作用的问题，但需长期抗凝。机械瓣的发展，大体经历了三代：最早的六十年代的心瓣是球体，到七十年代是第二代心瓣——碟瓣，到了八十年代后期，就是双叶瓣，至今用的还是双叶瓣。制作性能良好的机械瓣的关键之一就是确定瓣叶的形状。选用翼型瓣，这是一个很重要的进步。

八十年代初，学习航空动力学出身的康振黄，提出将飞机空气动力学中的薄翼理论应用于人工心瓣设计，指出用机翼绕流理论来设计机械瓣，可得到更好的血流动力学特性。将双叶瓣的瓣叶改为微弯曲面型，以替代之前的平板瓣叶。康振黄认为，沉浸于血液流动中的瓣叶与处于亚音速气流中的飞机翼面十分相似，可以考虑将有铰薄翼理论用于研究瓣膜设计中。采用翼型剖面的优点在于，可通过选取适当的翼形几何参数，以满足瓣膜各种血流动力学指标。他们把这种瓣膜称为有铰的双叶薄翼瓣，与机翼类似。这种有铰瓣膜的瓣叶在血液中也具有升力、阻力和力矩，它们均与瓣叶翼型截面的弯度和弦长密切相关。通过选择瓣叶的这些几何参数，可以对瓣膜进行优化设计。这一理论，利用机翼绕流作用来实现瓣叶的"提前部分关闭"，并增大开始回流时的关闭推动力以达到减少回流的目的，既可以保持 St. Jude 在八十年代创立的双叶瓣的优点，又克服其缺乏"提前部分关闭"和"回流较大"的缺点。由此开辟了一条"改进机械瓣关闭机制效应"的心瓣流体力学研究的新途径。这种新的机械瓣型——双叶翼型机械瓣的设计方法，为改进人工心脏机械瓣使之较好地模拟天然心瓣的功能，提供了理论指导和实现途径。冯元桢先生称赞："这是空气动力学在生物力学与医学的巧妙应用与发展。"

1983年6月，在我国武汉召开的中日美国际生物力学学术会议上，康振黄在宣读的论文"关于人工心脏瓣膜动力学的近期研究"中，介绍了他们的研究成果：一是进行了双叶翼型人工心瓣的设计，二是进行了双叶翼型人工心瓣的定常流模拟试验，三是进行了双叶翼型人工心瓣的脉动流模拟试验和双叶翼型人工心瓣的流场壁面剪应力测试。

康振黄在论文中指出，在人工心瓣的设计中，要求最小开瓣压差尽可能小；跨瓣压差尽可能小；尽可能减少"滞留区"，避免出现"高剪力"区；流场尽可能均匀、对称；尽可能提高早期部分关闭性能；瓣膜关闭后尽可能具有血流平滑冲刷，减少湍流；瓣叶的阻塞面积与流通面积之比应尽可能小。

我们根据对上述流动理论、设计要求及各种瓣型的调查研究，设计了一种新型的双叶翼型人工机械瓣膜，改进了St. Jude瓣这类的平板型人工机械瓣，双叶翼型瓣具有许多优越性。通过实验或计算，我们可以选出最适当的叶片弯度和叶片间距，这样便可优化瓣膜的血

图6-12 康振黄团队研制的人工心脏瓣膜（1983年，四川大学生物力学实验室提供）

图6-13 康振黄（左）与同事在自行设计制造的心瓣流体力学试验台前（1983年，四川大学生物力学实验室提供）

第六章 开辟生物力学研究新领域

流动力学特性。①

图6-14 康振黄在实验室
(1983年,四川大学生物力学实验室提供)

在研究中,他们主要探讨了为优化设计怎样对瓣膜模型流场剪应力分布进行系列测量问题。在实验中他们做了两项工作:一是提出了一种简化的电化学极限电流测量法;二是使用该法对我们自行设计的双叶翼型人工心瓣模型进行了测试。他们在实验中采用无量纲壁面剪应力;采用流动对探头进行标定;采取了必要的措施判定探头是否失效。最后得出结论:通过流体动力学研究和其他工程设计研究,他们发展了一种新型的双叶翼型人工心瓣。

1984年7月,康振黄参加了在美国加州大学圣地亚哥分校举行的"国际应用力学及生物力学前沿问题讨论会",并作大会报告"人工心瓣流体动力学",在报告第三、四部分进一步阐述了关于双叶翼型人工机械心瓣的优越性:

我们正在研究的瓣膜属于双叶机械膜,其瓣叶采用翼型剖面以替代平板瓣叶。采用翼型剖面的优点在于,可通过选取适当的翼形几何参数,以满足瓣膜各种血流动力学指标。我们把这种瓣膜称为有铰的双叶薄翼瓣。与机翼类似,这种有铰瓣膜的瓣叶在血液中也具有升力、阻力和力矩,它们均与瓣叶翼型截面的弯度和弦长密切相关。通

---

① 康振黄:关于人工心脏瓣膜动力学的近期研究。此文1983年6月在中日美国际生物力学学术会议上宣读。

过选择瓣叶的这些几何参数，我们可以对瓣膜进行优化设计。

他介绍说，在实验室条件下，他们还对双叶翼型瓣作了定常流动及脉动流的系列模拟实验。值得提出的是，他们首先设计了一种四单元"分布－分段集中参数"混合的模拟实验装置，对相应的模拟电路进行了研究。作为一级近似，该系统被看作具有常数的线性系统，其动态影响应证明是完全与实际的生理系统类似的。

他们还设计出了一种使用射流元件的人工心瓣加速疲劳试验机，而且已经投入使用。从而可以看出，射流技术在生物医学工程的实验中大有可为的。

因为这次会议是专门为庆祝国际生物力学的奠基人冯元桢先生生日而举办，康振黄在发言最后说：

> 双叶翼型人工机械瓣的血流动力学研究仍然在进行。我想强调的是，学术上的交流、合作以及学者间的互访是非常有益于研究工作的。我们愿意竭尽全力来增进这些学术上的活动。在此，我们愿把我们在生物力学上进行的初步工作以及我们的诚挚的感情奉献给生物力学领域的先驱——冯元桢教授，借以庆祝冯先生六十五岁生日。①

经过康振黄团队进一步的研究，双叶翼型机械瓣无论是从理论分析、数值计算和体内、体外实验，都证实具有比当时已有的人工心瓣优良的性能，具有良好的应用前景。康振黄等据此试制的这种双叶翼型机械瓣初期样品，经华西医科大学一年多动物试验，于1985年开始应用于临床，到1986年年底，进行了七十多例心瓣置换手术，效果很好，达到了国内先进水平。为我国人工心瓣研制，从理论研究到实际应用等方面，迈出了实质性创新的步伐。

---

① 康振黄：人工心瓣流体动力学。国际应用力学及生物力学前沿问题讨论会，美国，1984年。

这项研究成果在 1991 年"第一届中日美生物力学学术大会"上宣读时,冯元桢先生称赞:"这是空气动力学在生物力学与医学的巧妙应用与发展。"[1]

同事陈君楷说:

> 在第一届中日美生物力学学术大会上,康老作了一个人工心瓣双叶翼型机械瓣膜设计理论研究的发言。飞机机翼原理的设计瓣膜,反响都是很好的。冯元桢说这个是运用空气动力学机翼绕流的原理来做瓣膜设计,这个非常新颖,很好。后来在日本举行第二次会议的时候,冯元桢都要和他联络,请他去,他也代表中国出席这种会议。中间还不只是世界第一次、第二次会议,还有中日美三国的生物力学讨论会,中国的代表就是康老师,所以每次都请他。中国力学学会、生物医学学会都委托康老师代表两个学会,代表我们国家,和美方、日方联络,来开这个会议,来带队、组团。[2]

令人遗憾的是,由于心脏的极端重要性,对制作人工心瓣的材料要求高,并且需要精密加工,这直接挑战了八十年代我国加工技艺的巅峰。当时康振黄团队为了加工一个人工心瓣精密的孔,找遍了国内的企业,最后找到一个军工企业才勉强符合要求。这也是为什么当时心脏瓣膜只做了几十例临床,不能批量生产的原因。

之二:提出关于心瓣关闭"综合因素分析法"的新理论

比起心瓣的开启,瓣膜的关闭运动机制显得更重要,因为它涉及心泵的效率,也涉及回流冲击等问题。瓣膜闭合的生理作用在于配合心房、心室有节律的收缩和舒张,保证最有效地使血液从心房流向心室,从心室流向主动脉或肺动脉而不致倒流。如果瓣膜闭锁不全、血液倒流,就会使脉搏的净输出量大大减少,就会出现气急、胸闷、发绀,严重的甚至会危及

---

[1] 郑哲敏:《20 世纪中国知名科学家学术成就概览·力学卷》,第一分册,"康振黄"。科学出版社,2014 年,第 544 页。

[2] 陈君楷访谈,2015 年 4 月 30 日,成都,资料存于采集工程数据库。

生命。所以，研究心瓣闭合过程的动力学现象，成为生物力学的一个重要课题。

一个年届七十岁的人，粗略估计，他的心脏瓣膜已经连续不断地开关达七十亿次。随着科研、心瓣手术，特别是人工心瓣研究的发展，研究学者们根据解剖学研究、动物试验、物理模拟实验和流体动力学分析，对于天然心瓣的闭合机理，先后提出过多种不同的理论模型，如"压力梯度理论""回流关闭理论"和"涡流理论"等。但是，各种理论都局限于特定的适用情况，而不能普遍适用于天然心瓣关闭的全过程。

为了解决这个根本性问题，八十年代中期，康振黄在研究中发现，对于瓣膜闭合的全过程很难用单一的一种理论给出完全的说明，他们试验一条研究心瓣关闭机理的新途径。康振黄认为，受所有动态力同时作用的瓣叶运动的动态过程都应该加以考虑，而不应该把我们的注意力只限于起因的限定范围。他们尝试一种天然心瓣关闭机理模型研究的简单解析路径，就是基于考虑瓣叶运动的整个动力过程，找出对心瓣瓣叶关闭力矩作用贡献的因素。在分析了各种单一理论各自的缺陷以后，康振黄提出了"多因素全过程综合理论"，即"综合因素分析法"，来运用于流体运动的全过程。该理论适用于主动脉瓣流场与运动的全过程。经过解析方法和实验验证，证明这种理论和方法与实验完全符合，成为新的心瓣关闭机理与瓣膜运动的研究成果。

康振黄1984年7月参加了在美国加州大学圣地亚哥分校举行的"国际应用力学及生物力学前沿问题讨论会"，会上他作了"人工心瓣流体动力学"的大会报告，他首先讲到为什么要研究人工心瓣：

自1960年以来，在外科领域内用机械瓣或生物瓣来做心瓣的置换，已经取得了显著的成就。同样重要的是，它为生物医学工程师们提供了一个非常有希望的研究领域。有时，有些事情似乎是奇怪的，但却是可以理解的，例如：许多有才干的人，他们正在做的事情恰恰是在模仿我们自身，但这些事又总是落后于我们自身，人工心瓣研制就是这类典型例子之一。迄今，还没有任何一种人工心瓣能够像天然心瓣那样完善。当然，我指的是正常健康人的心瓣，不然的话，我们就不会去做有关人工置换的任何研究。人类作为一个生物学上的机械系统，是经过了大约六亿年进化的结果，而我们正在进行的人工心瓣置换，则大约只有二十四年的短暂时间，因此通过对天然心瓣的学习和得到的启示，进一步发展人工心瓣是符合逻辑的。[①]

二十世纪以来，特别是七十年代那十年的进展，天然心瓣的关闭机理，提出了几种理论考虑。这些理论是：①漩涡理论；②逆向压力梯度理论；③对流波理论；④潜伏涡理论等。康振黄认为，它们中的每一个对了解天然心瓣，不管是主动脉瓣还是二尖瓣的关闭机理都作出了相当大的贡献。然而还存在很多的争论。例如：漩涡理论可以给出舒张时期瓣叶大部分关闭运动的解释，但不能解释瓣叶后没有漩涡时瓣叶仍能关闭这一事实。逆向压力梯度理论对这一事实很适合，然而它没有能指明早期关闭可在射血加速时发生。潜伏涡理论好像对说明这一事实是贴切的，然而它似乎不能说明在接近关闭周期结束时瓣叶的运动。

图6–15 康振黄团队研制的心瓣流体力学试验台（1984年，四川大学生物力学实验室提供）

现在他们正在试验一条研究心瓣关闭机理的新途径。其观点是：受所有动态力、同时作用的瓣叶运动的动态过程都应该加以考虑，而不应该把我们的注意力只限于起因的限定范围。他们尝试过一种天然心瓣关闭机理

---

① 康振黄：人工心瓣流体动力学。国际应用力学及生物力学前沿问题讨论会，美国，1984年。

模型研究的简单解析路径。他认为可以通过这条途径得到对天然心瓣关闭机理的更进一步的了解，由此能在这方面更好地熟悉人类自身，并且能更多地揭示制作更好的人工心瓣的知识。

康振黄还对人工心瓣的设计定量地提出了控制心瓣最大开口程度和关闭性能的主要因素，为最优化设计提供了理论依据。

之三：研究"人工心瓣流体动力学"，创立新学科

心瓣流体动力学是八十年代才形成的一门新兴边缘学科分支，它是心血管系统流体动力学领域中形成较晚的一个分支学科，在七八十年代取得大量研究成果。促使它发展的主要因素是临床医学和流体力学的结合。

心瓣流体动力学研究心瓣流场中的血液流动及其响应。心瓣流体动力学研究的目的或作用，一是了解天然心瓣的结构与功能；二是帮助对瓣膜病变及其并发症的诊断与研究；三是指导人工心瓣的研究与开发，尽量做到最真实地模拟天然心瓣。

人的心脏的运动过程，也可以说是人的生命过程，在于心脏及其瓣膜的有序运动，而它决定了流经心瓣的血液的有序流动，所以弄清楚心脏瓣膜的开闭运动机理，就是抓住了心瓣研制的牛鼻子。对于人工心瓣来说，在选

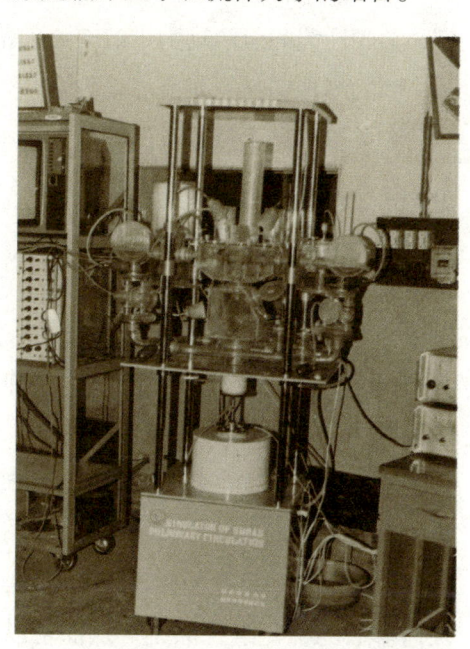

图 6-16 心瓣流体力学系统实验设备
（1984 年，四川大学生物力学实验室提供）

定材料以后，主要的设计考虑就是来自血液流体动力学。

在经过大量基础理论研究工作的基础上，1985 年 1 月，康振黄作为总体负责人与陈君楷等申请获得了中国科学院科学基金资助课题"人工心瓣流体动力学"（84 科基金准字 453 号）批准立项。该课题研究的内容：一是生物瓣流体动力学——生物瓣构型及几何参数对瓣膜运动过程、瓣口开

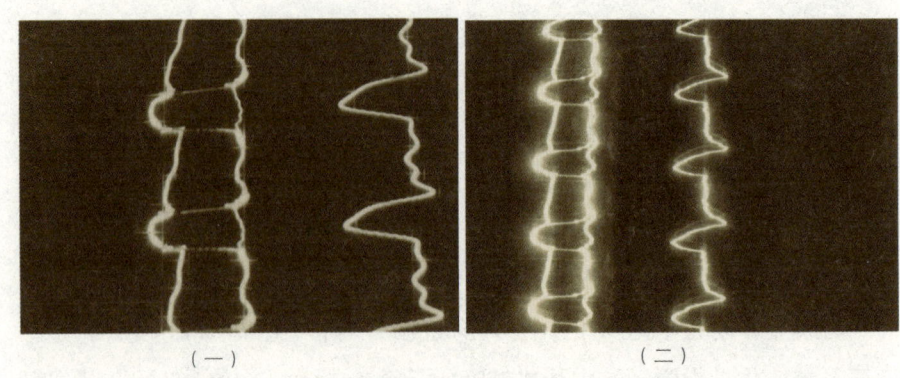

图6-17　血液流体动力学试验波动（1984年，四川大学生物力学实验室提供）

度、关闭性能的血流动力学效应的理论分析和实验研究；二是人工心瓣体外试验的模拟循环系统血流动力学——血液循环系统模拟理论，人工心瓣脉动流（单循环）模拟系统的适当结构模型、数学模型、电路模型，系统基本参数选择，系统动态特性的理论分析与实验研究。

该课题预期达到的目标和效果是，该课题属应用基础研究，其成果是应用性较强的理论成果。预期达到的目标是，从心瓣运动机制的理论与实验研究出发，找出影响生物瓣开口程度和关闭性能的控制因素，特别是找到通常容易出现的瓣膜不能充分开启的原因；从循环系统血流动力学的基本理论出发，并通过实验验证，建立用于人工心瓣体外试验的单循环模拟系统的适当结构模型、数学模型与电路网络模型，提出系统基本参数的选择方法和系统动态过程的理论分析方法。预期的效果是：将由瓣膜最大开口程度和最佳关闭性能的观点，提出生物瓣的一个设计准则和瓣叶几何参数的优化选择原则，从而可以直接用于指导人工生物心瓣的设计与制作，以提高生物瓣的血流动力学特性。同时，通过循环系统动力学的理论与实验研究，将为设计与建造优良的人工心瓣体外模拟试验装置提供适用的设计理论与设计方法。提供成果的形式，为研究报告和研究论文。

该课题的经费开支：1985年开支三万元，1986年开支两万元。其中：仪器设备费二万四千元，实验材料费四千元，科研业务费一万二千元，实验室改装费一万元。

康振黄团队经过近三年的研究，到1987年12月，该项研究按计划全部完成，并研制成一台"血液体循环系统模拟装置"（已用于人工心瓣品质因素检测和其他基础理论研究），完成了六篇论文：

①"人工心瓣脉动流模拟试验台的设计理论与应用"（1985年完成）；②"YPV-I型阿坝牦牛心包生物瓣脉动流模拟试验与评价"（1987年10月在全国第三届生物医学工程学术会议上宣读）；③"人体血液循环系统的模拟理论与装置"（1987年7月在全国第二次生物流体力学学术讨论会上做特邀报告）；④"血液体循环模拟系统—分布——分段集中三参数模拟"（1987年10月在全国第三届生物医学工程学术会议上宣读）；⑤"人工心瓣动力学参数的微机自动检测"（1987年10月在全国第三届生物医学工程学术会议上作为展出论文）；⑥"人工心瓣流体动力学中一些挑战性问题"（1987年9月在日本大阪召开的中、日、美第二次生物力学国际学术讨论会上作为大会报告之一）。

该项研究的主要贡献在于：

一是从理论上解决了几种主要的不同瓣叶构型对瓣启闭运动过程的影响。弄清了为什么几乎所有哺乳动物的主动脉瓣瓣叶长度都约等于主动脉窦高的四分之三的机理，首次提出并证明了心瓣具有最佳瓣叶长度的结论，从而第一次提出了人工心瓣（生物瓣）设计的一条新的"设计准则"，即瓣叶设计长度必须取最佳长度（等于四分之三倍窦高），这样才能使人工生物心瓣具有最大的开口，且关闭运动比较平缓，提高瓣膜寿命。

二是针对国际上至今尚无对人工心瓣脉动流模拟试验装置（即血液体循环模拟系统）的统一设计方法，因而使得不同设计的装置与生理系统的相似性差别很大，导致不同研究者对同一型号人工心瓣性能测试结果很不一致，客观性、可比性较差，甚至互相矛盾的情况。本项研究首次提出了用"分布—分段集中三参数四单元混合模型"来模拟人体脉动系统，提出了建立在系统分析基础上的较为严格的人体血液循环系统模拟装置的设计理论与设计方法，并运用这个理论研制了一个新的脉动流模拟装置，其特性与国外同类型装置相比，的确具有更高的生理相似性，能够相当准确地再现人体动脉系统生理的动力学过程。

三是该项研究新增了两项内容：①研制成功用于脉动流模拟装置的计算机适时控制与数据处理软件，能一次打印出心血管系统包括心瓣的二十八个动力学参数，这在国内是第一次；②本项研究中获得了一个新的发现，即人体心电过程与动力学过程之间存在严格的定量关系，并进行了初步探索，已形成了一个新的"自然科学基金课题"，准备进一步研究，这是一个在生命科学中具有重大基础理论意义的带有突破性的问题。①

1991年9月，经过对心瓣流体动力学理论内容和实验过程的不断充实与完善，康振黄和研究团队创立了一门新学科——"心瓣流体动力学"，该学科为研制模拟心脏瓣膜血液体循环系统装置全面地提供了理论依据和精准的数据，这在国际上还是首次，也是康振黄团队十年来对生物力学研究的集大成者。

《医药信息论坛》1991年9月26日对康振黄研究团队的研究成果做了报道，对心瓣流体动力学的研制情况做了这样的描述：我国人工心瓣流体动力学研究取得进展。成都科技大学等历时六年进行的"人工心瓣流体动力学"研究最近通过省级技术鉴定。

它对于发展心脏瓣膜流体力学理论、人工瓣膜设计检测和临床应用都具有重大意义。该项研究是国家自然科学基金会资助课题，属前沿性应用基础理论研究。几年来，在我国著名生物力学专家康振黄教授的指导下，陈君楷教授等采取现代先进技术，通过对"人工心瓣、流体动力学"和"人工心瓣体外试验模拟循环系统血液动力学"的理论分析，数值计算系列实验等研究，取得了突破性的进展。他们从人工心瓣的结构、工艺、构型等几何角度，定量地弄清了控制心瓣最大开口程度和关闭性能的决定因素，发现心瓣几何构型和瓣叶"无量纲"长度是影响心瓣运动和关闭性能的关键，为最优化人工心瓣设计提供了新的科学依据。

在心瓣设计上，除国际上常用的"安全关闭""光滑冲刷"和"疲劳

---

① 成都科技大学档案。四川大学档案馆，1988年，1-2-641卷。

图 6-18　人工心瓣质量标准审定会（1988 年，四川大学生物力学实验室提供）

寿命"等准则外，该项研究补充了"完全开放""构型仿生"和"最佳瓣长"三项新设计准则。提出了以"集中参数模型"为结构主体的模拟循环装置新设计方法和数学列式，并设计制作出人体血液循环模拟装置，其动力学特性优于目前国内外同类装置，为生理病理学基础理论研究和人工心瓣、人工心脏等研究提供了先进的检测和评价手段。

专家认为该项研究已达国际先进水平。[1]

此外，人工心瓣研制需要首先建立起用于研究和评价心瓣性能和体外心血管系统模拟装置，但是别人不会告诉你现成的数据，有一次，康振黄在国外讲学的时候，被邀请去参观安装有体外循环系统的实验室。作为力学专家的他，在仔细观察了装置以后，敏锐地意识到这是一个动力学系统。回国以后，他们从流体动力学理论出发，在经过艰苦细致的探索研究以后，八十年代中期，他带领团队建立了关于心血管物理模拟的比较完整的理论，提出了"分布—分段集中三参数模型"和可直接用于模拟装置设计的新方法和数学列式，成功研制出一种用于心瓣模拟试验和性能评价的

---

[1]　《医药信息论坛》，1991 年 9 月 26，第三版。

第六章　开辟生物力学研究新领域

体外循环模拟系统。由于是建立在控制系统理论的基础上，该系统具有良好的生理相似性，并能借助电子计算机对心瓣的多项动力学参数进行自动检测。这套装置被认为"研究设计严谨，手段先进，科学性强，结论可靠，所建立的理论是心血管系统模拟方面迄今最完整、最系统的理论，对人工心瓣的设计、检测和临床应用有重大意义，达到国际先进水平"。该成果在1987年第二届中日美生物力学学术会及1989年第一届世界生物医学工程与生物物理学术大会上，康振黄应邀作学术报告，引起国际生物力学界的重视，获得国家教委科技进步二等奖，至今仍优于国内外同类装置。

康振黄对他的人工心瓣的研制过程做了这样的描述：

在第一次中日美生物力学学术讨论会上，我们作了报告，在报告中提出来一种新的机械心瓣的设计方法，这个还在大会上被当时著名的学者称赞，我们就是把这个空气动力学用在生物力学上面的长期试验研究。选哪一种心瓣形状更好，我们曾经做了好多次试验，先是在华西医大医院的动物身上做实验，用羊羔做实验，然后对一定数量的病人进行实际的临床实验。这些实验或者试用，多次地实验应用，迈出了一些具有创新性的步伐，选这个（心瓣）翼型是一个很重要的步骤。另一项心瓣动力学的重要基本研究是关于心脏瓣膜的关闭理论研究。我们是第一次提出了控制心瓣最大开口度和关闭性能的决定因素，就是构型和它最后功能的研究。第一个提出了心瓣几何构型和瓣叶无量纲的长度，这是影响心瓣运动和关闭性能的一个主要因素，是我们在实验当中发现的。这个时候我们第一次提出了人工心瓣的优化的设计准则，第一个建立了关于心血管物理模型的比较完整的理论和可直接用于模拟装置的办法，还把它做成数学式子。第一次在国际上提出建立心瓣流体动力学的新学科，这是专门为人工心瓣构成它的流体动力学的特殊性的新学科。第一次在国际上出版了心瓣流体动力学专著。第一次在人工心瓣研制中提出有角薄翼设计理论。第一次研制成功人工机械心瓣。①

为什么要做这个"血液体循环系统模拟装置"呢？陈君楷介绍说：

> 模拟一个人身上的系统，心率、血液流量等，这就需要做一台这样的装置，体外的物理装置，模拟人的心脏，包括动脉管、微血管。康老出国访问的时候，一看这个装置，既是力学又是流体力学，这个装置不光是用到基础力学的知识，它还要应用流体力学、血流动力学知识，最后制出一个瓣膜来。瓣膜可以作为商品，现在这个瓣膜几千块一个，但是那个时候，在国外买的话，至少上万，进口的，你自己做，还不是很过关，质量不太好。所以，他（康）研究这个还可以应用。好，那我们就有个想法了。②

1991年，康振黄应波兰国家科学院邀请，前往华沙讲授这门新学科。同时他出版了《心瓣流体动力学》③一书，这也是当时国际上的首部有关专著，在国内外首次提出了建立心瓣流体动力学的体系框架。由于心脏瓣膜基础理论研究的发展，推动了双叶翼型人工心瓣的设计思想和原理的提出，这项研究被列入国家"八五"计划重点项目。心瓣流体动力学理论从创立至今已经过去三十年，但它所阐述的基本原理，仍然对今天人工心脏瓣膜的研究具有理论指导意义，一些大学仍然将它作为教学参考书。

关于人工心瓣流体动力学在理论和实践中的意义以及在现在所处的地位，陈君楷这样认为：

> 三十年过去了。现在看来这个理论还站得住脚，还是前沿。这个问题已经解决了。④

---

① 康振黄访谈，2015年3月2日，成都华西医院，资料存于采集工程数据库。
② 陈君楷访谈，2015年4月30日，成都，存地同上。
③ 康振黄：《心瓣流体动力学》。四川教育出版社，1991年。
④ 陈君楷访谈，2015年4月30日，成都，资料存于采集工程数据库。

康振黄研究团队不仅出了成果，还在科研实战过程中培养出了一批人才。如国际生物力学学会会员、博士生导师、四川大学前校长陈君楷[①]；博士生导师、四川大学生物力学实验室主任袁支润[②]；中国生物医学工程学会第七、第八届理事长，第九届全国生物力学专业委员会主任，北京航空航天大学生物与医学工程学院院长、教授、博士生导师樊瑜波；又如雷明，他与 IBM/Roche 合作的人工合成孔项目被称为 2010 年世界十大发明之一、2015 年在成都举行的首届"海科杯"全球华侨华人创新创业大赛决赛中，其参赛项目"第三代快速廉价高通量精度的 DNA 测序仪"获得冠军，获得天使投资。

但是非常可惜的是，因为一些人事变动的关系，成都科技大学/四川大学生物力学当年领先全国、跻身国际一流的辉煌已经不再，最近一次全国生物力学学科评比，四川大学位居第五。陈君楷讲述了其中的一些原委：

> 我到学校当校领导之后就没法管这个地方，康老是省里的，就更没办法管这里了。那么我们就寄希望于他（樊瑜波），就培养他。他年富力强，比较活跃，基础又比较好，后来甚至做到了专业委员会主任了。然后我们又给他推荐去世界生物力学指导委员会作委员。这时北航（北京航空航天大学）就来挖他了，说他们要搞航天生物力学工程，这个是国家大的战略，北航里面没有，就是看中了他，让他去筹建这个事情。当时那边对他开出的条件是，学校给他一千五百万元，国防科工委给他同额配套，也给他一千五百万元，共三千万元，建设实验室。学校每年给他六十万元，不用批，自己支配。还给他多少安

[①] 陈君楷，四川（今重庆）江津人，1959 年毕业于原成都工学院土木工程系。教授、博士生导师，著名的生物力学专家。曾任四川大学校长（1994—1997），国务院学位委生物医学工程学科组成员，全国生物力学专业委员会副主任委员，中国生物医学工程学会理事，四川省生物医学工程学会理事长，生物力学工程省重点实验室学术委员会主任。

[②] 袁支润，1965 年毕业于成都电工程学院计算机系。四川大学生物医学工程教授、博士生导师。历任项目、分系统主管、研究室主任、四川省高校生物力学重点学科和重点实验室主任，中国计算机学会、中国力学学会、中国生物医学工程学会生物力学专业委员会理事。

家费。当时我们学校就不能和它比了。当时他也反映了，说给他实验室支持三百万元，他就不走了。但是那时学校三百万元也拿不出来，之后北航那边也说明道理，说国家确实需要，航天工程现在需要发展起来，北航需要建立一支队伍。从支持国家的发展这个角度，就放他走了。他走了之后还带走他团队的两个骨干，这样我们就被大大削弱了。①

宣传和推动生物力学的研究与发展

由于康振黄团队突出的研究成果和积极主动的宣传，生物医学、生物力学这个当时在国际上才兴起不久、在国内还只在大学、研究院所学术界范围的新科学，在偏僻的西南四川，却被广泛宣传，推广到医疗卫生、体育运动、工程等多个领域，让普通的人民大众了解了它，热心地关注它，支持它的研究和推广。

1983 年 11 月，康振黄出席在四川举办的"第四届全国运动生物力学学术会议"上，发表了"重视生物力学的研究，促进生命科学的发展"的讲话，展望了生物力学发展的广阔前景：

> 为什么我们国家在进入 1983 年后和国外在生物力学方面的学术交往会变得多起来，而我们自己的工作也做得那么多了？我们这次会议的文章就有一百多篇。这至少说明很多学科与生命科学在进一步结合；生命科学正在渗透或交叉到其他学科中去，与其他学科交织起来形成新学科。目前，国际、国内生物力学都处于一个欣欣向荣的时期，它的分支、它的领域正在不断地扩大，而且也再次给我们带来一个信息：生命科学将和各个学科结合起来，而且在一定程度上生命科学还会带动下一个世纪许多传统科学的发展。②

---

① 陈君楷访谈，2015 年 4 月 30 日，成都，资料存于采集工程数据库。
② 康振黄：重视生物力学的研究，促进生命科学的发展。《四川体育科学学报》，1984（1）。

建立"四川省生物医学工程学会""四川生物医学工程研究开发中心"

1981年3月26日,在康振黄的推动并主持下,"四川省生物医学工程学会"在成都召开成立大会。参加会议的有从事电子、机械、高分子材料、生物力学和医学等方面的专家、教授、工程技术人员、医务工作者和科技管理人员共一百一十二人。石应康当选为理事长,康振黄为名誉理事长。副省长彭迪先和省卫生厅、化工局、省科协、高教局等有关部门的领导到会祝贺。学会推动了四川省乃至中国生物医学工程和生物力学的发展。

1985年4月,成都科技大学工程力学系与高分子材料系同华西医大等六所高校和八个科研生产单位,联合建立生物医学工程研究开发中心。该中心主要利用四川省生物医学工程知识密集的优势,加速科技成果转化、孵化科技企业,建立科、工、贸一体化的新型科技企业。这在当时还是一件新鲜事物。它也是在康振黄的推动下建立的。

同年12月,成都科技大学建立了跨系的研究机构"成都科技大学生物工程研究所",确定该所学术带头人为康振黄、岳以伦。康振黄任所长。研究方向为:目前以心血管人工器官、医用高分子材料及医用制品,生物力学,无机生物材料,生物信息测量及控制等生物医学工程方面的研究为

图6-19 第五届四川省生物医学工程学会理事会暨学术交流会(2001年,前排左六为康振黄。四川大学生物力学实验室提供)

主，待条件成熟后，再发展其他的生物学科。1995 年，研究所下设的生物力学工程实验室被批准为四川省重点实验室。

创办科普刊物《大自然探索》《生物医学工程学》杂志

在康振黄的积极倡导和张罗下，1982 年 9 月在成都创办了《大自然探索》杂志，他任主编。《大自然探索》杂志是由康振黄和四川的一些自然科学专家、学者、科学爱好者共同发起办起来的，是一份综合性的自然科学学术刊物，原为季刊，后改为月刊。刊物设有"科技论坛""学术论文""科学技术史""自然辩证法""科学学与科学管理"等栏目，内容涉及自然科学的各个方面，充分突出综、专、史、法和探索争鸣的特色，在中国自然科学学术刊物中独树一帜。刊物挂靠在四川科学技术出版社。

与此同时，1984 年 9 月，康振黄还广泛联络四川省各大学、研究所，创办了《生物医学工程学》杂志，极大地推动了生物医学在四川乃至全国的发展。

主编出版中国首套大型《生物医学工程丛书》

1987 年 12 月起，康振黄陆续主编出版了中国首套大型《生物医学工程丛书》，共七卷，一百九十万字。在《丛书》的序中，康振黄指出：

> 为什么要出这样一套丛书？道理很简单，一句话，社会的需要。它既是促进医疗保健现代化的需要，也是开发新兴产业的需要；既是提高现代科学文化水平的需要，也是迎接世界新技术革命挑战的需要。总之，是社会的需要，是社会现代化的需要。[①]

成就卓著　跻身国际一流

经过康振黄等一批中国学者的努力，我国生物力学的研究在起步短短

---

① 康振黄：《心瓣流体动力学》。四川教育出版社，1991 年。

的十来年时间内，就获得了惊人的发展，跻身国际先进行列。同时，这也与康振黄在国际学术交流中的努力分不开。康振黄通过积极主动出席国际学术会议和参与领导国际学术组织，宣传了中国学者的研究成果，不断扩大国际影响。

积极主动参与国际学术交流

1983 年 5 月 9 日，康振黄参加了中日美第一届生物力学国际学术讨论会（中国武汉）。特邀做报告"人工心瓣的近期研究进展"。报告了他的理论研究成果及其定常流、脉动流试验结果。这篇报告当即受到冯元桢、毛昭宪等国外顶尖专家的好评。

10 月，作为大会组织委员会委员，康振黄出席了在北京召开的"第二届亚洲流体力学会议"。他的研究生邓小燕在会上宣读论文。

11 月 20 日，康振黄参加了在中国天津举办的"血液灌流及人工器官国际学术讨论会"。应邀在会议上宣读论文"人工心脏双叶翼型机械瓣膜设计理论研究"，文中介绍了双叶翼型瓣的设计理论与技术。论文宣读以后，引起了很大的反响，一些外国专家认为，中国在这个领域虽然起步较晚，但发展迅速，已接近国际水平。

1984 年 7 月，康振黄赴美国加州大学圣地亚哥分校参加"国际应用力学和生物力学前沿问题讨论会"，并做大会报告。期间，美国报纸以"中国生物医学工程专家访问 Vermont 大学"为题，报道了康振黄一行的活动。

1985 年 9 月，康振黄赴日本东京参加"第一届国际流体控制与测量学术讨论会"，做特邀报告。12 月，在中日美第二届生物力学国际会议上，康振黄任中国代表团团长和会议的中方主席。

1986 年 9 月，康振黄应邀赴德国（西）柏林参加"第五届欧洲生物力学学会学术大会"，担任大会执行主席。受邀做报告"心血管系统的流体力学——心瓣流体动力学"。首次提出心瓣流体动力学这个新学科的构思和内容，受到了欧洲生物力学界的关注。

1987 年 4 月，康振黄率四川省生物技术代表团赴澳大利亚访问，考察该国生物力学技术的发展情况，任团长。10月，作为世界生物力学大会指导委员会委员和该次大会的联合主席，与陈君楷等在日本大阪举行的中日美第二次生物力学国际学术讨论会上作"心脏瓣膜流体动力学的一些挑战性问题"的特邀报告。

1987年12月，康振黄参加国际流体力学会议（中国北京），担任组织委员会委员。同月，被英国剑桥国际传略中心收入《远东及澳洲名人录》。

1989年5月，康振黄出席在成都召开的"国际生物材料学术会议"并致辞。

1990年8月，康振黄赴美国加州大学圣地亚哥分校，出席于26日至31日举行的第一次世界生物力学大会，并宣读论文"The Study of Flow Fields and Movements of Heart Valves for Differet Val-Salva Sinuses"，以及出席"大会指导委员会会议"。

1991年10月，应波兰科学院邀请，康振黄前往华沙讲授"心瓣流体动力学"这门新学科课程，时间长达两周，系统传授了他和研究团队多年的研究成果。12月，康振黄赴美国佐治亚州亚特兰大，参加"第三次美日中生物力学学术会议"，担任中国代表团团长和会议中方主席。此次随行康振黄参会的学术秘书黄智刚说："能明显地感觉到，在国际学术交流中，他（康振黄）的研究成果得到这一领域的美国、欧洲、日本科学家的高度认可，反响很大。"①

1992年8月11日，康振黄赴北京参加"第八届国际生物流变学会议北京卫星会议"，并报告论文。12月，赴波兰华沙参加"ICB生物力学-血液循环力学会议"，

图6-20　在北京举行的国际流体力学会议上与毛昭宪（左）合影（1987年，家属提供）

---

① 黄智刚访谈，2016年9月30日，成都，资料存于采集工程数据库。

作大会报告。12月,赴新加坡大学参加"第七届国际生物医学工程学术会议",并宣读论文。

1994年12月,赴香港理工大学出席"国际生物与工程学术会议"。

康振黄的同事袁支润回忆随同其在国际学术交流中的一些经历时说:

> 康老非常爱国。会议中间休息的时候,他很快和国外友人交谈并开起玩笑来了。我就发现,北大、复旦、清华的都去了,一群中国人见面了互相打打招呼聊聊天就可以了,他(康振黄)就把我们的研究成果交流出去了。他和国际友人谈笑风生。还有就是作报告的语气,下面掌声一片。一个美国的学者对我们的研究很感兴趣,把名片给了康老。我觉得我们的研究成果被国际学术界肯定,与康老善于同别人相互交流并取得外面的支持是分不开的。①

领衔中国生物力学研究

由于康振黄在生物力学领域所做的富有创造性的研究工作,以及他在中国这一学科领域所起的促进作用,对我国生物力学专业创建所做的奠基性的工作,他成了国内外公认的中国生物力学学术带头人之一。1983年,被遴选为首任中国生物力学专业委员会主任委员。

1982年3月,康振黄在四川省体育科学学会运动生物力学研究方法讨论会上,作了"生物力学的性质、内容及其研究方法"的讲话,该讲话后来以同样标题,发表在《四川体育科学学报》1982年第3期。应该说,康振黄是我国在当时比较系统地阐述了这门新学科的理论体系第一人。

1983年8月,中国力学学会、中国生物医学工程学会联合致函康振黄,聘任他为生物力学专业委员会主任委员。函件称:"鉴于我国生物力学近几年的发展,经生物力学专业组多数领导成员酝酿,中国力学学会与中国生物医学工程学会共同商定,将原生物力学专业组扩大为生物力学专

---

① 袁支润访谈,2015年6月11日,成都,资料存于采集工程数据库。

业委员会，在组织上受两个学会共同领导，在学科上研究有关生物体的力学问题，为力学科学的分支。"组员暂定十到十二人。①

康振黄担任了一届主任委员以后，由于担负的行政和科研的事务都非常繁重，他于1989年主动辞任。康振黄对我国早期生物力学的发展与进步不遗余力地所做的一系列研究与推动工作，获得了国内学术界的高度认可与称赞。正如第二届生物力学专业委员会主任委员杨桂通先生在第三届全国生物力学学术会议论文集的前言中所写的："中国生物力学的发展还应当感谢康振黄先生的卓越贡献，他成功地领导了第一届生物力学专业委员会。在他的领导下，生物力学专业委员会的工作蓬勃发展，在国内外学术界发挥了很好的作用，产生了很大的影响，使得我国在国际生物力学的一些学科领域中有了自己的一席之地，这是众所瞩目的。"②

图6-21 康振黄（1983年，家属提供）

1983年11月，康振黄在"第四届全国运动生物力学学术会议"上，发表"重视生物力学的研究，促进生命科学的发展"的报告。

1985年10月，康振黄赴山西太原出席"第二届全国生物力学学术会议"，主持开幕大会并作大会学术报告"发展中的心瓣流体动力学"。12月，被选为中国生物医学工程学会第二届常务理事，并聘为《中国生物医学工程学报》副主编。

1987年7月，康振黄赴复旦大学出席由全国生物力学专业委员会主办的"第二届全国生物流体力学学术会议"，参加会议的共一百零二人，康振黄以生物力学专业委员会主任委员身份主持了会议，并作"心瓣血流动

---

① 此函件复印件存于采集工程数据库。
② 杨桂通、岑人经编：《第三届全国生物力学学术会议论文集》。华南理工大学出版社，1990年。

力学的几个挑战性问题"的大会特邀报告。

1989年11月，康振黄出席在北京举行的中国生物医学工程学会成立十周年庆祝活动和学术交流活动。12月，赴珠海参加"第三届全国生物力学学术会议"。

1993年9月，作为会议组织委员会委员，康振黄出席在乌鲁木齐召开的"第四届全国生物力学学术会议"。

1994年9月，康振黄受聘为国家教育委员会生物力学及生物流变学开放实验室学术委员会顾问。

1995年6月，康振黄在《世界科技研究与发展》杂志发表"当今应用力学研究领域的扩展"一文。

康振黄的研究和工作，得到了中国力学学会的高度肯定。1986年8月，中国力学学会第二届理事长钱令希先生在学会第三届理事扩大会上的报告中，在谈到我国生物力学的发展历程时说："讯息交流吸引了无数的科学家，自愿地把经历和兴趣汇聚于当代最新、最有利于四化建设的课题上来。例如生物力学，在1978年制订规划时，我们只能从国外文献中略

图 6-22 出席第二届全国流体力学学术会议留影
（1987年，前排右八为康振黄。四川大学生物力学实验室提供）

知一二，国内无人从事这种工作。以中国科学院、高教系统为主，学会配合，通过学术会议，征集论文、组织国内外动态调研，邀请冯元桢等专家来华讲学。1980年第一次会议宣读了三十一篇文章，多数是调研报告和一般性讨论。1984年在武汉召开了中日美三方国际讨论会，1985年在太原召开了生物力学年会，有大会报告十一篇，宣读论文八十四篇。五年时间，生物力学的研究领域已包括人体运动学、骨骼力学，各种软组织及血液等的流变性质，血液在血管中和微血管中的流动规律，生物渗流力学、脉搏的传输规律，中医脉象与力学机理的研究，心、肺、肾和头颅的力学模型等比较广泛的领域。目前，一个以成都科技大学、重庆大学、复旦大学、上海华东医学院、中国科学院力学所等为骨干的流体生物力学队伍和以华中工学院、上海科技大学、太原工业大学等为骨干的固体生物力学骨干队伍已经形成。很大一批医学界、生物界的力量也共同参加了工作，明年我们将派出一个十人的代表团参加在日本召开的第二届中日美国际会议，将有自己的科研成果提交大会……随着学术活动的逐年深入，吸引着不少有权威的专家、学者转而从事更新的研究课题，带头去开拓新的研究领域。如过去从事流体力学研究的康振黄教授和从事固体弹塑性研究的杨桂通教授，现在成为生物力学的带头人。"[1]

来自国际学术界的认可

康振黄在生物力学领域的有创建的研究成果，以及推动中国生物力学研究快速进步，跻身国际先进行列，也逐步得到了国际生物力学界的承认和认可，成为代表中国在这一学术领域当之无愧的领军人物。1985年8月，康振黄收到欧洲生物力学学会理事会来函，接纳他为该会会员。1985年12月，冯元桢先生致函康振黄，作为杰出的生物力学学者，他已被推举为1990年世界生物力学大会指导委员会二十三名委员之一。

冯元桢先生还多次与康振黄通过函件交流，商讨中国方面出席国际生

---

[1] 钱令希：中国力学学会第二届理事会工作总结。《力学进展》，1987（1）：5。

物力学会议的事宜以及生物力学的学术问题及教育方面的一些问题。1984年8月16日，冯元桢致信康振黄，商量中国参加第二次中日美生物力学会议事宜。

> 振黄兄傅鉴：
> 　　此次在La Jolla（美国拉贺亚市）举行"应用力学及生物力学前沿会议"，承你拨冗参加，讲了重要的论文，国外学人深表钦佩，弟不胜荣幸之至。在宴会上，又承你给我褒扬鼓励，再次致谢！
> 　　此次来La Jolla的日本朋友中，Prof. Yasuyuki Segnchi（神户大学，漱口靖幸）及Dr. Kozaburo Hagnshi（大阪神田，国立循环器研究所，生物工程组主任，林紘三郎）均曾于1983年5月来我国参加第一次中日美联合生物力学会议，当武汉会议结束时，大家在聚谈中曾表示，希望第二次会议由日本主持，日本首席代表Dr. Fukada（日本东京国立理化研究所所长深田荣一）欣表同意。今年5月12日，Dr. Fukada在东京召开第二次中日美联合生物力学会议筹备会，我被邀列席。当时他们初步决定，以1986年5月为目标，在神户召开第二次中日美国际生物力学会议（5月在日本天气最好，神户市有最好的国际会议议场）。会议采取开放形式，征文自由参加，并定于7月间形成日本国内的筹备会，会员以医学界及工程界人士各半为原则。7月初，日本同人召开第二次筹备会议，决定筹备委员会由八位医学界人士、八位工程界人士组成，医学界以Prof. Azumn（东京顺天堂医学院及医院的董事长束健秀）为首，工程界以Prof. Oka（冈小天，前东京教授、循环器研究所所长）为首，以Prof. Segnchi及Dr. Hayashi为主，负责筹备工作。至此，日本方面，已大致有初步概念。7月初，致书王君健教授，告以日本计划，询问到时候中国方面参加会议的人数，以便做第一步计划。
> 　　美国方面，将仍由我主持。我觉得举行第二次中日美生物力学会议，对促进中日美及其促进国家间的国际学术交流，有很好的影响，对迅速熟悉国际学术界的动态，有重要意义。我很愿意促进此事。

图 6-23　国际生物力学学术会议指导委员会委员合影（康振黄位列第二排右三）
（1987 年，四川大学生物力学实验室提供）

美方参加第二次中日美会议，可取两个形式之一：①取公开征文形式，让人自由参加；②以邀请形式，限制参加人数。二者各有利弊，前者办理简单，人数多，筹备者不必担心经济问题；后者因限制人数，若为被邀者出席的旅费等给以照顾，以免因故不能参加，则筹备者必须筹款，工作比较繁重。前者人多，接触面广，是利；后者人少，可以深谈。孰去孰从，我将考虑中国方面的方案，以取得三国在会议中有一定的平衡，所以我也希望知道中国方面的方案。

上次中日美会议，中国方面是由黄家驷院长为首，王君健教授实际负责召开。黄院长逝世后，怎样产生筹备委员会、怎样决定中国方面的具体计划，估计参加的人数，建议最合适的时间，及与日、美两方主持人之间由谁出任负责联络。这些问题，我与 Segnchi 教授都希

振黄兄俸鉴：此次在 La Jolla 举行"生团力学及生物流变的前沿"会议，承你惠允参加，讯之要紧的论文国外学人深表钦佩，不胜荣幸之至。在签会上，又承给我赠揭致函实生考言为振，再次致谢！

此次来 La Jolla 的日本朋友中，Prof. Yasuyuki Seguchi 教授（神户大学，濑口靖幸）及 Dr. Kozaburo Hayashi（大阪，神田，国立循环器研究所，生物力学组组长，林纮三郎）均将于 1985 年月末邀同参加第一次中日美联合生物力学会议。当此次会议结束时，大家在愿谈中曾表示在登第二次会议由日本主持。日本首席代表 Dr. Fukada（日本东京，国立理化研究所所长，深田荣一）欣然同意。

今年三月12日，及 Fukada 在东京召开第二次中日美联合生物力学会议筹备会。我被邀到席。当时，他们初步决定以 1986 年五月为目标，

图 6-24　冯元桢致康振黄的书信（1984 年，四川大学生物力学实验室提供）

望得到解答，我兄领导中国生物力学的学术团体，日本和美国方面希望得到你的支持，促进第二次中日美生物力学会议的实现和成功。

  我希望你与君健兄商议后，给我一个回信，日方，可写信给漱口教授，由我转交。

  ……

冯元桢上
1984 年 8 月 16 日 [1]

  冯元桢先生在信中提及的中国医学科学研究院黄家驷院长于 1984 年 5 月去世以后，中国由谁接替他出任负责第二次中日美生物力学会议的联络，这不是康振黄能决定的。他将情况报告一级学会以后，1985 年 3 月，中国力学学会、中国生物医学工程学会决定：由康振黄代表"两会"负责与日美两方的联络工作，并作为中方首席代表参加这次国际学术讨论会的筹备、组织、领导工作。以生物力学专业委员会作为这次国际学术会议的中方筹备组，负责具体筹备工作。组成参加此次会议的中国代表团，康振黄教授为团长，杨桂通教授和吴望一教授为副团长，具体联系人为成都科技大学生物医学工程中心陈君楷。

  1986 年 4 月 26 日，冯元桢先生又一次致信康振黄，具体商议中国出席第二次中、日、美生物力学会议的人员：

振黄兄：

  风和日暖、鸟语花香的季节又来了，想来一切顺遂，阖府安康，以此为祝。

  去年十二月曾致函恭请你参加第一次世界生物力学大会筹备指导委员会，担任指导委员，以便该会能在 1990 年举行，并希望在该会会期中成立生物力学国际联合会（International Union），以主持以后国

---

[1] 冯元桢给康振黄的信，1984 年 8 月 16 日，资料存于采集工程数据库。

际联系任务，现在各国的代表都接受了，你那边还没有回音，不知道能否请你来几个字？

该筹备委员会的第二次通讯，于前天寄上，想必兄已经收到了。

第二件重要的事，我希望你立刻给我一个回信，这是关于第二次中日美生物力学会议的事，现在日本方面的计划，已逐渐就绪，漱口靖幸教授草拟了一个报告，我这边也草拟了一个报告，今特此奉上，作为参考。现在我们要将三国代表的名字决定下来，美国的是完全决定了，日本的也决定了，我们希望能很快收到中国方面的名单，不知道你能不能就给我们寄来？

麻烦你，多谢了。为此敬祝

康健！

元 桢
1986.4.26[①]

在1987年9月28日至10月2日在日本大阪举行的中日美第二次生物力学国际学术讨论会上，康振黄担任会议的中方主席，并作"心脏瓣膜流体动力学的一些挑战性问题"的特邀报告。

1988年12月，康振黄被英国剑桥国际传略中心收入《远东及澳洲名人录》。

1990年8月底，赴美国加州大学圣地亚哥分校出席第一次世界生物力学大会，并宣读论文"The Study of Flow Fields and Movements of Heart Valves for Differet Val-Salva Sinuses"，出席大会指导委员会会议。

1991年12月，赴美国佐治亚州亚特兰大，参加"第三次美日中生物力学学术会议"，担任中国代表团团长和会议中方主席。

1997年，康振黄被荣选为国际医学与生物工程联合会（International Federation on Medical and Biological Engineering, IFMBE）科学院会士（fellow）[②]。

[①] 冯元桢给康振黄的信，1986年4月26日，资料存于采集工程数据库。

[②] 中国生物医学工程学会网页，http://baike.so.com/doc/6494118-6707831.html。

多年从事研究工作的体会

在数十年从事科学研究的经历中，对于如何才能做好科研工作，需要什么样的环境和条件，康振黄有深刻的体会。在从领导工作岗位退下来以后，他自己经过认真思考、梳理，认为从事科学研究工作，开放的环境和心态、不断跨越研究边界的要求、友善的合作伙伴和不断充实的数理科学基础，对于研究工作的发展都是十分必要的。

第一，搞科研工作，要有一个开放的环境和心态。他回顾自己在纽约大学做研究生时，除了得益于优秀的教师指导和先进的教学设施可用外，使他受益更深的是开放的学术环境和研究心态。他认为，只有开放的学术环境，才能启发开放的研究心态；只有开放的学术心态，才能广泛有效地吸取信息、启发思维、活跃判断、寻求路径、深入探究以至有所发现、有所发明。

第二，科研工作要有不断跨越学科边界的要求。他认为，学科边界的形成是前人工作的标识。这对学术领域中的整体定位和坐标体系是非常必要的，但这不是终结。学术研究的价值就在于既把握又要跨越这些边界，创新性跨越是科研工作实质所在。

第三，友善的合作伙伴，对科研工作来说，是必不可少的条件。他说，别人的经验和我们自己的经历都充分证明这个条件的必需。也许这样的伙伴组合会有变迁，要紧的是真诚和友善。具体的分工和组合可变，最终的目标应该总是一致的，可以是始终的一致，也可以是有变而趋同的一致。

第四，对于工程科学的研究来说，数理科学基础的不断充实与发展，是十分必要的。所谓工程科学（engineering science），最本质的意义，按照它的创建者之一A. C. Eringin教授（他也是1963年国际工程科学学会会长、《国际工程科学杂志》主编）所指出的，"是将物理学、数学、化学与生物学，应用于求解工程学问题"，也就是把数学的准确性和工程学问题的现象融合在一起的科学。因此，不言而喻，对于研究者来说，数理科学基础的不断充实与发展，是必不可少的努力。①

---

① 郑哲敏:《20世纪中国知名科学家学术成就概览·力学卷》，第一分册，"康振黄"。科学出版社，2014年，第544—545页。

第七章
生物力学学科建设与研究生培养

推动我国生物力学学科的发展

成都科技大学生物力学学科（专业），在康振黄及其团队的努力下，从无到有，由弱到强，一步一步发展壮大，跻身国际先进行列。

1977年，成都工学院工程力学专业恢复招收四年制本科生。1978年10月，成都工学院更名为成都科学技术大学，由中国科学院和四川省双重领导。1979年2月，成都科技大学建立工程力学系，设工程力学专业，含流体力学、固体力学两个方向。康振黄担任首届工程力学系主任。1979年9月开始招收研究生，康振黄被聘为固体力学、流体力学专业研究生

图7-1 康振黄给学生上课（1981年，家属提供）

指导教师。

1980年6月，在四川省力学学会第一届理事会第一次会议上，康振黄被推举为省力学学会理事长，会议确定了固体力学、流体力学、断裂力学、计算力学、实验力学等五个学科委员会，学会挂靠在成都科技大学，学会秘书处办公地点在成都科技大学工程力学系。

1981年，教育部成立首批博士、硕士学位学科评议组，康振黄被遴选为学科评议组成员。同年11月，固体力学获教育部批准，列为全国首批硕士学位授权点。

1983年12月，国务院学位委员会第二批批准成都科技大学生物力学学科硕士学位授予权。批准康振黄为硕士生导师。

1986年12月，国务院学位委员会批准成都科技大学生物力学学科博士学位授予权，康振黄被批准为博士生导师，并开始招收博士研究生和国内访问学者。这是全国仅有的两个生物力学博士学位授权点之一，是康振黄率领团队艰苦奋斗换来的成果。

1987年11月，康振黄被国务院学位委员会遴选为国务院第二届学位委员会委员。1990年12月，康振黄获得国家教委颁发的从事高校教育事业四十年荣誉证书。1991年11月，康振黄被批准为四川省生物力学重点学科学术带头人。1992年，成都科技大学生物力学学科被评选为四川省首批省级重点学科。同年12月，康振黄被国务院批准为有突出贡献的专家，享受政府特殊津贴。

> 从教育来说，他当时做国务院学位委员会委员，对四川申报硕士点、博士点这些，他都是悉心指导。对学科建设，大学的学科建设经常都是提出指导性意见，我们基本上都是这样的一个习惯，每到一个地方都会去参观，在四川他都要参观当地的学校，基本上都是这样子。到学校去看一看，特别是大学这些。探讨一下大学的学科建设、发展，听取一些意见，提出一些指导性意见。①

---

① 徐维权访谈，2016年12月20日，成都，资料存于采集工程数据库。

樊瑜波回忆了导师康振黄在构建队伍、培养人才方面的一些事迹：

> 康先生注意团队的人才梯队建设，在科研活动中培养人才，比如培养了陈（君楷）校长，让他补上国际化这一短板，请国外有实力的专家长时间在成都科大讲学，如香港的麦福达（音）教授，毛昭宪的学生，派到科大一学期一学期地讲学、工作，一起做研究。他的这种高度的国际化视野，直接把成都科大的生物力学学科拽向国际一流的地位。有一次召开国际生物力学委员会理事的会议，康先生带着我去，把我介绍给这个学科的世界顶级专家，在他们面前举荐我，显示我的素质。世界生物力学学会理事，我一共干了十二年，康先生倾注了很多心血，后来我做一级学会生物医学工程学会的理事长时，才四十三岁。

有一年，全国召开第一届人工心瓣标准讨论会，本来应该是康振黄去的，但是他让只有三十来岁的樊瑜波去，一起开会的都是大专家、医院的院长，起码也是医院的科室主任，虽然樊瑜波是搞专业研究，术有专攻，他还是有顾虑。在康振黄的鼓励下，樊瑜波放下顾虑，在开会的时候，还跟他们争论问题。"到了北航以后，那些老教授都还记得我。虽然我到了北航，也是康先生学术生命的延续。"①

精心培养研究生

康振黄在几十年的从教生涯中，对研究生的培养，注重质量，不图数量，以认真负责的高度责任感，为广大研究生导师树立了良好的榜样。他一共培养了六名博士研究生、二十余名硕士研究生，这些研究生成为我国一流大学争相聘用的对象，出国研究与成绩突出者为数不少。

---

① 樊瑜波访谈，2016 年 11 月 6 日，成都，资料存于采集工程数据库。

注重研究生思想品质的培养

康振黄对学生的学风培养，十分重视。他对自己严格要求、以身作则，对学生的潜移默化起着积极的引导作用。他不仅教给学生知识和技能，而且更加注重培养他们的学风。他常说，作风最重要的有三点：踏实的精神、创造和坚韧的毅力，只有这样，才可能为科学事业做出贡献。康振黄的第一个硕士研究生邓小燕回忆谈道：康先生辅导我读研究生，具体情况时间长了记不大清楚了。他还是主要教如何做人，从他那里学到很多做人的知识。

成为副省长后，他白天在省政府上班处理政务，晚上则坚持利用业余时间指导研究生学习，成为当时全国仅有的"带研究生的副省长"[①]。康振黄的儿子康晓光回忆说：

> 爸爸工作很忙，尤其是到省政府工作以后，但他没有放弃学校的工作，仍然带硕士和博士研究生，一直没有中断。学生们要解决学习中遇到的困难、了解论文的写作等，都只有在晚饭后到家里来。当时我们家住在学校里，没有搬到省里分配的条件更好的住宅去，就是因为爸爸考虑到学校的学生来家方便，因而退掉了省里分配的住房。但经常都是学生晚饭后到家来，爸爸还没有从省政府下班回家，有时候还来好几批学生。虽然爸爸白天在政府工作一天，已经很累了，但是一回到家，连水都顾不上喝一口，就马上耐心地给学生辅导讲解，直到解答完所有人的问题，送走最后一个学生后，才吃晚饭。他常常说，学风最重要的有三点：一是要有踏实精神，二是要有创造力，三是要有坚韧的毅力。只有这样才有可能为科学事业做出贡献。对学生的毕业论文，爸爸要求严格，都要自己亲自修改，甚至连标点符号也要一一校正，从不放过。对学生的毕业答辩，他要求用英语，以促使学生努力学习外语，掌握外语。那时，他白天忙省里的工作，晚上忙

[①] 董维：带研究生的副省长。《中国青年报》，1986-01-04。

学校的工作，没有上下班，没有节假日。①

着眼国外最新研究成果

康振黄的教学工作是和研究工作并进的。他从基础课到专业课，先后为大学本科生和研究生开设过近二十门课程。在他开设的课程中，除了讲授基本内容以外，还着重介绍有关的学科发展史、所属的科学体系和今后的发展趋向。为了开设课程和指导研究生的需要，他主持和亲自编译出版一些当时本专业国外最新的科研成果作为教材，如1984年翻译出版日本著名生物流变学家、日本国立心血管中心研究所主任冈小天的新作《心血管血液流变学》。该书系统地阐述了心血管血液流变学的基础理论和国际二十世纪七十年代以来的最新研究成果。内容丰富，取材新颖，文笔简练，概念清晰，是当时血液流变学领域的一本佳作。

生物流变学发展到当时，在对正常的生理学现象做出解释与分析方面，取得了重大进展。康振黄在1982年的序中指出：

> 目前的情况是在把这些进展用于相应的病理学诊断和研究方面，更显得有特殊的需要。血液动力学如此，生物流变学也如此。②

康振黄从此书中看到了作者把心血管疾病和血液流变学对应起来进行有关研究成果的阐述，并从中认识到了这种交叉学科的结合趋势，体悟到这个趋势要求工程技术界与生物医学界的研究人员需要"相互学习，紧密合作，共同探讨，才能取得新的进展"。这也为他后来的研究确定了基调，并走上了一条正确的道路，就是和华西医学院的吴和光等医学教授的紧密合作。这本书主要为从事生物学、生理学、医学、生物力学及生物医学工程学的科技人员和医务工作者、大专院校高年级学生、研究生使用参考。

1985年，康振黄还翻译出版了由美国W. M. 赖、D. 鲁宾和E. 克莱勃

---

① 康晓光访谈，2016年11月5日，成都，资料存于采集工程数据库。
② （日）冈小天：《心血管血液流变学》。康振黄等译。计量出版社，1984年。

第七章　生物力学学科建设与研究生培养

所著的《连续介质力学引论》一书。1984年7月，W. M. 赖教授在关于成都科技大学康振黄等学者翻译《连续介质力学引论》一书，为中译本写的序言中说："我完全同意康教授的看法，近代工程的学生要具备处理和解决许多一般工程和生物工程问题的能力，必须有扎实的连续介质力学的功底。"

1986年，康振黄等人又翻译出版了由英国M. A. 普林特和奥地利L. 伯斯威特著述的《流体力学实验教程》，供学生学习参考。康振黄在《译者的话》中指出：

> 据有关方面反映，我国当前毕业的理工科大学生，步入社会参加工作后，不是理论知识不足，而是普遍动手能力不强，往往需要经过一定时间的实际锻炼之后，才能较好地适应和胜任具体的工作。因此，加强学校的实验课教学环节，是一个亟待解决的问题。译者多年从事流体力学教学，苦于没有一本完整的实验教程。M.A. 普林特和L. 伯斯威特的《流体力学实验教程》正是这方面一本不可多得的教材，它以易于接受的形式给读者以足够的资料，使之能够完成流体力学的各种实验，并收到较好的效果。原书在1975年用德文出版、1978年用英文出版以来，普遍受到好评。[①]

康振黄还把自己负责撰写的《中国大百科全书·力学卷》中的若干词条等，让学生学习参考。他要求研究生的课题工作，尽可能和新学科的实验研究以及基地建设结合进行，既出成果，也出人才。从实践来看，这对人才培养、学科建设和事业发展都是有益的。

结合科研实践培养研究生

1980年，他招收了第一名生物力学硕士研究生邓小燕。在获得博士学

[①] （英）M.A. 普林特、（奥）L. 伯斯威特：《流体力学实验教程》。康振黄等译。计量出版社，1986年。

位授权、被批准为博士生导师以后，1987年，康振黄开始招收第一个生物力学博士研究生雷明[1]。

康振黄的第一个生物力学硕士研究生邓小燕回忆说：

> 我是1980年至1983年读康先生的研究生，毕业后留校。1985年到加拿大东吉尔大学（音）留学。康先生当时很有名。读了一年以后，冯元桢先生到中国访问，建议中国搞生物力学。康先生建议我转为生物力学。当时成都科大还没有生物力学硕士点，我的毕业答辩是在重庆大学。
>
> 康先生讲课很生动，我至今对他的讲课印象很深。他讲课深入浅出，我还没听过哪个讲课有他好的。康先生一是为人处世好、低调，二是讲课好。[2]

图7-2 康振黄（右一）与研究生讨论问题
（1988年，四川大学生物力学实验室提供）

邓小燕说，就学期间，康先生一直鼓励他去参加国际学术会议。1982年他参加了亚洲流体力学会议，花了不少钱，学校财务报销的时候有意见，要不是康先生提出来让他去，肯定是去不成的。现在他也当老师，受康先生的影响，也规定硕士研究生至少要参加一次在中国举办的国际学术会议，或者在香港、中国周边国家举办的学术会议。博士生要参加一次在

---

[1] 雷明，1982年获成都科技大学水利工程学士，1987年师从康振黄读博，1990年获欧共体奖学金赴荷兰留学，1991年转赴美国在北卡罗莱纳州立大学继续读博，1996年获生物医学工程博士学位。后在约翰.霍普金斯大学医学院作博士后研究。后进入美国生物医药机构工作，他与IBM/Roche合作的人工合成孔项目被称为2010年世界十大发明之一。2015年在美国波士顿创办公司。任波士顿华人科技协会会长。

[2] 邓小燕访谈，2017年5月3日，成都，资料存于采集工程数据库。

第七章 生物力学学科建设与研究生培养　　*105*

图7-3 康振黄（左四）参加四川大学硕博论文答辩会
（2003年，四川大学生物力学实验室提供）

国外举办的学术会议，他自己掏钱。出去要了解如何交往、如何在大会上作报告。康先生给学生的榜样做得好，他的学生都很谦和。他现在跟樊瑜波一起工作，之间没有矛盾，相处合作非常愉快。

1987年9月，康振黄招收生物力学工程专业樊瑜波等人入读研究生硕士学位。樊瑜波[①]是康振黄培养的优秀研究生之一，他1987年从北京大学力学专业本科毕业后，考入成都科技大学康振黄的生物力学专业硕士研究生，毕业后，在1989年继续攻读该专业的博士研究生，1992年毕业取得博士学位。

同事袁支润谈到康振黄怎样在科学研究、科学实验中培养研究生的能力和水平：

---

① 樊瑜波，出生于1965年，重庆人，1987年毕业于北京大学力学系获学士学位，1992年毕业于成都科技大学获博士学位，师从著名生物力学专家康振黄。北京航空航天大学长江学者，生物与医学工程学院院长、教授、博士生导师。国家康复辅具研究中心主任，国家康复辅具研究中心附属康复医院院长，中国医疗器械创新战略联盟副理事长。中国生物医学工程学会第七、第八届理事长，第九届全国生物力学专业委员会主任。

我们的分工是这样，陈老师没上去（当校领导）的时候，我和陈老师一起讨论，我这里希望研究生做实验，纸上谈兵我们不认可，因此涉及哪部分我参加，基本上我们就一块讨论研究方向，到具体做实验的时候，我天天都在实验室，研究生遇到实验中的问题都可以指导。他（康振黄）也要作主讲，他多数时候是把最近的研究情况说出来，包括研究生有问题的。康老讲完了后，研究生起来问问题。具体工作由我和陈老师来带。

当时康振黄已经到省里当领导，还有很多的社会兼职，在这么繁重的工作面前，康振黄是怎么培养研究生的？袁支润说：

一个是定题目，确定题目是他的,（康）先给他（研究生）讲一些，把资料给他，然后一块讨论一次。第二个就是在做（论文）的过程中，他会专门留下时间，把研究生留下来，了解论文做到哪一步了，情况怎么样。有些意见他过后用电话给我或陈老师讲，一般说有这两个想法，一是让我们指导监督，二是让我们知道他的想法。这是他的一种方法。但是答辩他一定要来，答辩前他们（研究生）的论文他要看，后面答辩意见初稿他要先看，后面他的事多。①

樊瑜波是康振黄培养的最出色的博士生之一，是康振黄培养的第四名博士生。樊瑜波对报考研究生的过程和读研期间的经历回忆说：

我在北大是学力学专业的，1986年做毕业论文时，看到生物力学方面的文章，开始只是觉得新颖，感兴趣。我的导师吴望一教授，也在研究生物力学，是著名的流体力学专家，我就做了一篇血流动力学方面的论文。这篇论文获得优秀论文一等奖，还在北大的学报自然版

---

① 袁支润访谈，2015年6月11日，成都，资料存于采集工程数据库。

上刊登了,给了我很大的鼓舞。接下来考研就决定研究生物力学。我征求吴老师的意见,他跟我说,你是重庆人,回四川,目前生物力学界研究最好、最有深度的是成都科技大学康振黄的研究团队。于是我就找资料,果然康先生和成都科技大学在生物力学方面的研究的确了不起。他是全国第一任生物力学专业委员会的主任。而且有一个标志性的事件,就是1985年在中国召开的第二届中日美生物力学国际学术会议,国际生物力学的奠基人冯元桢是大会主席,康先生是中国主席。这次会议,标志着生物力学这门新学科正式引入了中国。康先生是中国第一代的生物力学家,是开拓者和引路人之一。我就决定报考康先生的研究生。非常幸运,我们那一届研究生,包括我的师兄师弟,都是很优秀的,来自清华、复旦、南大、北航、南开,成都科大的反而少,从全国各地来的优秀学子投奔到康先生的门下。

樊瑜波说,对于怎样培养研究生,康先生是水平很高、造诣相当深的

图 7-4　康振黄(左四)指导的博士生樊瑜波(右三)论文答辩获得通过
(1992 年,四川大学生物力学实验室提供)

科学家。他们这一代人的功底是相当深厚的，他后来虽然当了领导，但从未离开科研这条线。那时陈校长也很忙，很多具体事务就落在他的头上，他到康先生家去请教的时候，看见他书房的沙发附近、桌子上都堆满了国际期刊，国际生物力学刊物每期必看。他具有国际视野，学术视野从来没有离开国际前沿，他看了以后去跟康先生讨论，康都能谈出看法，说明他都是看过的，他的这个习惯一直持续到九十来岁，一直到2010年以后，康先生还跟他的学生们讨论国际生物力学的走向。

康先生不是单纯地研究纯学术，他一开始就把目光瞄向应用技术的研究，而不像有些国内顶尖大学的教授，搞书斋式的纯研究，为研究而研究。康先生做的是作应用研究，人工心瓣、机械心瓣的研究，做了二十多例临床试验。我国人工心脏瓣膜的价格是国外的一半就是因为我们的技术与国际同步，对市场定价起到了很大的作用。

康振黄要求学生知识广泛，除了专业知识，对其他有助于专业学习、研究的知识，也要求掌握。樊瑜波回忆说，他在康先生团队读研的时候，可以说是脱胎换骨，在机械、计算机方面的知识，补了个够，他曾插班到机械、计算机专业去听课，弥补这方面知识的欠缺。康先生重视医、工的结合，他就插班到华西医科大学学习生理学、解剖学知识，所以医学的底子深厚，后来他也带了很多的医科博士生、博士后，有些现在已经成了三甲医院的科室主任、教授，这都受益于康振黄团队的教育，把工程、医学的知识补上。他到北航后，很快成为全国医学工程理事会理事长、全国战略联盟副理事长，这是支撑朝阳性的产业，受到国家的高度重视，将医疗器械正式提到国家制造的高度，这都是在康先生那里受到的教益。

在读研时，康先生让我做一些管理方面的工作，迎来送往，虽然年轻，参加这些重要的场合，去学习，快速地找到自己的差距。学到学术管理、组织工作这些以前忽视的方面，经过这样的训练，对以后成长是很有帮助的。康先生给了我很多机会，虽然地处四川，但对全国生物力学圈熟悉,跟康先生培养有密切关系。康先生具有团队领袖的基本素质。原来北航连博士点都没有,只是一个系,七个人,一个硕士点,国内外同行都不知道。我到了北航以后,从无到有,创办了学院,经过十年左右的时间,发展到七十多人,快速成为我国该领域的第一方阵,与康先生分不开。[①]

康振黄曾获有关教育领导部门授予的优秀博士生导师一等奖。他指导过的生物医学、力学工程研究生,共有二十多人,有多人成为博士生导师,有的成为国内外有关方面学术、技术骨干。有的已成为新的学术带头人,在高校负责开拓新的生物医学工程领域的教学和研究工作;有的正在承担国家重点支持的生物医学工程开发项目;也有的在国外的生物工程企业开拓新的发展领域研究,等等。他们和康振黄始终保持着深厚的师生情谊。

康振黄不仅关心自己的研究生,对外单位有关专业的中青年教师,在学术研究、职务晋升、出国交流以及个人修养方面,同样热情关怀、尽力支持帮助。他始终把社会发展、科教进步的希望,寄托在中青年身上,不受地域、单位和人际关系等的影响。他对年轻人工作和学习进行的一些指导从未停止。康振黄的同事袁支润说:"他手下的研究生,我们不想让他们出去发展,我们这里也有博士点。但康老主张他们出去,去相关等级的科研机构工作。"

在大学教育理念上,康振黄十分关注当代的发展趋势。一段时间,他对出现的一些现实问题十分关注,特别是有些大学教育中出现的学习自觉性、积极性、创造性不足的问题,感到不安。他曾多次和有关同事谈及这个问题。

2004年,康振黄看到美籍华裔教授、著名生物医学工程大师冯元桢新编的《生物工程导言》(*Introduction to Biomedical Engineering*)一书,在序言里提出"工程学在于发明和设计"的要求,康振黄很有同感。同时,

---

[①] 樊瑜波访谈,2016年11月6日,北京,资料存于采集工程数据库。

他对有些学生学习中缺乏自觉性和创造性的现象非常关切。他将这些看法和挚友冯元桢在信中交流。随后，立即得到冯元桢的回信，表示看法完全相同，并且称康振黄是他的"知音"。

第八章
领导四川科教事业

开拓四川科教事业的发展

1982年4月，教育部党组下达了中央组织部的通知，任命康振黄为成都科技大学副校长（仍兼工程力学系系主任）。担任副校长后，康振黄仍然坚持教学、科研第一线的工作。

同年12月，中共中央组织部批准康振黄为四川省副省长候选人。1983年4月省人代会召开前夕，中共四川省委组织部将这一决定正式通知康振黄。同年4月19日，在四川省第六届人民代表大会上，康振黄被正式选举为副省长，任职至1988年3月，分管全省科学、教育、文化、卫生等方面的工作。同时，教育部党组下达通知，免去康振黄成都科技大学副校长职务。

在1998年即将退休的前夕，康振黄亲自撰写了一篇从政十五年的体会，后来，这篇文章以"点燃为人民服务的心灵火花"为题，发表在1998年《四川统一战线》杂志第八期上。在文章中，康振黄记述了他走上省级领导岗位的情况和对该职责的理解及主要工作情况，语言真诚朴实，真实地反映了一位党外副省级领导干部从心底发出的一段特殊的心路历程，从中我们可以了解到康振黄从政乃至做人的一些基本品质。文中说：

> 1983年我在成都科技大学任教授、副校长时，被选为四川省副省长，分管教、科、文、卫、体，以及新闻、出版、广播、电视等工作。从1983年干到1988年。接着，连续两届被选为省人大常委会副主任，兼教科文卫委员会主任，也是涉及这些行道。十五年的从政、参政经历，回想起来似乎很长又像过得很快。说长，是说应该体会很多；说过得很快，是说好像还没有来得及总结什么，岁月就流逝了。印象中，最深刻的就是从政是一项实实在在的锻炼。
>
> 1983年，我是毫无准备地被告知，我被选为副省长了。我是那一届政府的一名党外副省长。我想，当副省长要干什么？当然，应该是执行好副省长的任务；应该是按照党和国家的要求，履行好规定的职责；应该是在这个岗位上，好好为人民服务。一句话，为了工作。这个理解，在以后的日子里，不断有所加深。通过一些具体事，现在回想起来，我想说的是，"从政"如果还有什么"副产品"的话，我可以明白无误地说，这就是锻炼。对人民说，是服务；对自己说，是锻炼，是实实在在的提高。①

康振黄认为，从政经历对他来说，最主要的锻炼是全方位学习，全身心投入。在到政府工作以前，在学术工作上、教学工作上、学校工作上，他都有自己的视野和见地。可是一到政府，无论是展现在面前的情况和问题，还是他需要了解和处理的情况和问题，特别是他要为之负责的、要起作用、有影响的那些情况和问题，其方面和范围，一下子拓宽、放大、加深了不知多少倍。他面临的真是一个使他茫然若失的"广阔天地"。是否真正为人民服务这个问题，太逼近他了，太实在了，太经常了，太考验人

---

① 康振黄：点燃为人民服务的心灵火花.《四川统一战线》，1998（8）。

了，也太强烈地作用于他了，需要他把心扑上去。

文教工作

康振黄作为主管全省文教的副省长，工作是非常繁忙的。他除了日常事务，还做了很多让他记忆深刻的工作。

> 那时，大学的发展要土地，教学和科研都严重受原有校区的制约。重视教育，就得解决实际问题。我记得，我们那一届政府的第一次省长碰头会，讨论和决定的就是要有计划地为高校的发展预留土地。我们为学校的发展要负责、要做主，我觉得肩上有了责任，心里有了牵挂。

作为长期在高校工作、对高校情况相当熟悉的省级领导，康振黄深知高校发展的困难是什么，对高校的发展需要政府的政策如何发力。当时，校址还在峨眉的西南交通大学，强烈反映所在办学校址由于交通不便，阻碍了学校的发展。在党的十一届三中全会以后，党的工作重心转移到经济建设上来，全国各大学都在快速发展。西南交大的师生非常着急，迫切要求迁移校址，加快发展。但因为要占用一部分良田，有的人思想没有转过弯来，只看到数千人的学校需要占用的土地数量大，没有看到高校的科学技术、人才培养给一个地区带来的巨大生产力和贡献，所以交大迁校遇到的阻力很大。而康振黄一上任，就提出给高校的发展预留土地，西南交大的迁校，也在分管教育的康振黄的关心和支持下，最后得以顺利解决。而从西南交大迁成都以后，三十多年来快速地发展，对四川交通事业乃至经济建设、"科教兴川""振兴升位"的促进、地位的提升所产生的重要作用，证明了他当年的决策是正确的、富有远见的。

> 重庆的一所高校发现大面积危房。我看了，回来立即请有关部门的两位负责同志前去处理。他们处理离开的次日，这座楼整个坍塌

了。幸好及时作了安排，师生安全无恙。我和师生结下的同忧患的情谊，至今不衰。①

文章中所提到的解决高校危房，是指 1985 年 4 月，重庆医学院（今重庆医科大学）附属第二医院严重的危房问题。情况反映上来以后，康振黄立即率人前去查看，然后让学校赶紧写报告。解决危房问题的报告送到了康副省长那里，他立即批复：事属紧急，请卫生厅、高教局联合派人立即前往重庆，会同重庆市政府研究、解决。务求保证安全，并妥善安排学生实习问题。同时请办公厅，转询省委宣传部可否也派人前往，视察后研究处理。

经过调查以后，情况属实，康振黄立即批复拨款解决危房问题。后来他听说刚刚处理完以后，房子就垮了。使他感到欣慰，因为处理及时，学生作了安排，没有发生人员伤亡事故。

1985 年 12 月 30 日，内江市贾家中学关于改建危房、整修教室的请示报告送到康振黄处，他立即批示：请教育厅转告内江市政府，对贾家中学危房情况务必调查清楚，并立即采取措施解决，并盼将处理意见报省府。

这充分体现了康振黄心系教育、执政为民的理念。康振黄的儿子康晓光也讲到这件事：

> 有一次爸爸去重庆检查工作，发现一所学校的学生宿舍是危房，回来后，立即派人连夜去把这个宿舍的学生全部转移出来，第二天，这幢宿舍就垮塌了。由于转移及时，没有造成任何人员伤亡。至今，这所学校的师生对这件事还难以忘怀。遇到刮风下雨天，爸爸总是惦记着还在学校教室里的同学，还在想教室是否坚固，宿舍是否安全？有多少个不眠夜晚，就是在这样的挂念中度过的。爸爸就是这样，怀着一颗对祖国对人民高度负责任的心，在不同的岗位上，实实在在工作着，不为名不为利，从不计较个人得失。②

---

① 康振黄：点燃为人民服务的心灵火花．《四川统一战线》，1998（8）。
② 康晓光访谈，2016 年 11 月 5 日，成都，资料存于采集工程数据库。

来自教育战线的康振黄，对师资队伍的建设也有自己独到的体会。

师资队伍建设问题摆在面前，讨论开来，有人主张教不了高中的，可安排去教初中；教不了初中的，可以安排去教小学。我思想上觉得不安，难道小学就那么好教吗？难道小学教师队伍能这样来建设吗？难道作为最基础的小学教育，我们能这样对待吗？带着这些问题我到小学去听课，到师范学校去看对未来教师的考试。我很有感触，不止一次在一些场合讲我的感受：我在大学干了几十年，教过本科生，也教过研究生。但是，要我现在去教小学生，我还不合格、不称职。小学教师是有特定要求的、负有神圣职责的职业，应该受到全社会的理解。同样是师道尊严，不应该把行政上的一套降级处理方法用来建设这支神圣的队伍。少年儿童是祖国的花朵，这些老师们就是可爱的园丁。我感到，尊师重教，真有多少事要做呵！思想上激起许多浪花。①

改革开放以后，全国掀起了尊师重教的良好风气。作为教师出身的康振黄，对此有更深刻的体会。1985年我国第一个教师节，康振黄亲自筹备教师节的工作，事无巨细，他都亲自过问。秘书徐文江说，每一年的大年初一，康振黄都是在看望教师中度过的。他曾经说过，他常常记起一段名言：人类总得不断地总结经验，有所发现，有所发明，有所创造，有所前进。回顾他的一生，给他东西最多的，除了父母，就是老师。所以他敬重老师，也羡慕老师。因为老师的职业正是带领学生和指导学生，总结经验、有所发现、有所发明、有所创造、有所前进的工作。

1949年，念完硕士研究生课程以后，我就回国当老师。因为时局不允许我再留在国外，而我也相信新中国需要老师。新中国需要老师能在传授已知知识之外，还要有所创造，有所前进。这就决定了我

---

① 康振黄：点燃为人民服务的心灵火花.《四川统一战线》，1998（8）。

图 8-1　康振黄（右一）参观西南交通大学九十周年校庆展览馆
（1986 年，西南交通大学档案馆提供）

在教育战线上服务终身的命运。我始终认为这是一种幸福的命运，尽管我深知自己做得还很不够，但是我乐此不疲，无怨无悔。我始终怀着一颗敬重古今中外所有老师的心情，在教学和科研的道路上，努力前进。①

而在实际工作中，他更是主动帮助学校、教师解决具体问题。1986年3月13日，康振黄看到《光明日报》在7日刊载了四川南江县七十三名教师反映"教育经费被挪用，教工宿舍盖不成，好端端的校园像鹿场，学生哪里去上课"的来信，他立即批示：《光明日报》3月7日载南江县赶场乡七十三名教师反映教育经费被挪用一事，请信访办调查情况，提出处理意见。教师出身的康振黄，有一种天然地重视教育、关注教师权利的情怀。这种闻过即改、亡羊补牢的作风，正是人民公仆的真实写照。

---

① 四川省科学技术协会：《公仆本色、学人风貌：贺康振黄教授九十寿辰》。2009 年，第112 页。

第八章　领导四川科教事业

康振黄是真心、由衷地热爱教育、热爱学生，对省内的专家学者、教师表现出强烈的认同，面对教师反映的问题，他没有那种认为自己是省领导、居高临下的做派。他说："我本人就是一个教书匠，在位的时候只是一时，但是作为老师这是我一辈子的职业。"所以他时时把教师这个职业引以为傲，他说当老师才是他的看家的本领。即使退休以后，他还经常早上回到川大校园散步，从他当时所住的指挥街坐车十多分钟到曾经工作过的川大校园，他说喜欢看到青年学子在树下的身影和朗朗的读书声。他到中学去视察参观，然后邀请学生围着桌子座谈，学生提问，他现场解答，有的学生不敢提问，他鼓励学生说：学问学问，就是要问。

作为国务院学位委员会成员，康振黄对四川省的大学、研究所的硕士、博士点悉心指导，每到一地都要观看当地的学校，特别是大学，听取他们关于学科建设的汇报，提出指导意见。

康振黄对教育有清醒的认知，对于民办中学，他在视察参观时说，不能把教育作为敛财的平台。面对教育领域的一些不良现象，康振黄也是深感痛心，非常憎恶。

科技工作

作为分管全省科技工作的副省长，康振黄在推动科技进步、科技发展方面有想法、有作为。他重视新兴科技的研究和推动工作，重视培养青年科技拔尖人才，重视科技创新、科技管理工作。

推进生物技术研究

康振黄说：

世界新技术革命向我们冲击而来，我们抓什么？根据我省当时的情况，省委决定成立两个领导小组。当时的省长蒋民宽同志负责微机领导小组，我负责生物技术领导小组。我和有关部门的同志，特别是科技信息部门的同志，一起拟定了四个方面的生物技术：农牧、医药、食品、环保，作为突破口，选点推进。四个方面的发展情况不平

图 8-2　四川省首届青年科技奖获奖青年科技人员留影
（1987年，前排右五为康振黄。四川省科协提供）

衡，但对这些方向，我们始终抓住不放。直到今天，我仍然觉得这几个方面本来应该是继续抓下去的。对此，我是情有独钟的。①

1984年4月，四川省政府成立省生物技术领导小组，康振黄任组长。生物技术领导小组设在省科委业务处，有编制，是一个实体机构。当时省里面非常设机构比较多，精简了一批委员会、领导小组，但是生物技术领导小组保留下来了。

领导小组建立后，首先成立了两个机构：一是咨询机构，二是办事机构。为了充分发挥专家的作用，成立生物技术专家顾问组，作为领导小组的参谋机构。其任务是：参与制定省生物技术发展政策和规划；对全省生物技术领域具有全局性、长远性的重大科学技术问题进行调查研究，提出建议；接受生物技术领导小组的委托，对重大生物技术科技项目的确定，进行技术经济论证，提出论证报告和建议方案；接受有关部门邀请参加生

---

① 康振黄：点燃为人民服务的心灵火花．《四川统一战线》，1998（8）。

第八章　领导四川科教事业

图8-3 与生物技术领导小组办公室主任吴春旭（左）合影（1984年，省政府办公楼前。徐文江提供）

物技术重大科技成果的审查、鉴定；接受生物技术领导小组委托的其他专项调查、考察任务。办公室的主要任务是：组织生物技术情报调研，追踪生物技术发展动向，了解省内生物技术科研、生产状况，研究、提出生物技术规划、计划，供领导决策、参考。根据领导小组的意图，对重大生物技术课题组织论证、协调攻关、投资分配、成果鉴定、成果转移、推广应用等日常组织协调工作。

四川生物技术起步较晚，但发展情况喜人。过去较有基础的发酵工业、医用高分子材料和制品，获得国家奖励的有：四川抗菌素工业研究所筛选的青霉素绿孢子327号菌应用于生产后，可使青霉素发酵单位提高30%—45%，两年获利四千四百万元，获国家科技进步三等奖；医用高分子材料制硅凝胶人工晶体已应用于临床，获国家创造发明三等奖；成都科技大学与华西医科大学合作，在开展人工心脏瓣膜研制工作中，建立起来的人工心瓣脉动流人工试验台较国内同类试验台有所创新。

生物技术领导小组成立一年零七个月，在康振黄的领导下，做了大量有成效的工作。完善了机构，组织了四川省科技情报研究所等单位，对全省生物资源、生物技术开发条件，生物技术开发方向，以及生物技术开发措施做了系统调查研究，提出了"四川省生物技术对策研究"报告和八个附件（研究项目），还有两个专题调查材料——"四川省生物技术科研队伍的情况调查""四川省资源、原料、生物技术的产品市场和技术市场的调查"。这些研究项目在当时都是生物技术的前沿尖端课题，如"单克隆抗体技术的研究与临床应用""人体器官和医用高分子材料的开发"，等等。

安排了一批生物技术开发项目。为了研究新技术，省政府一次就拨给省农科院一百万元，用于研究生物技术项目，如"防钙化牛心包生物瓣研究""心血管系统血流动力学与人工机械心瓣研制""医用高分子生物技术材料及产品开发"等。这笔钱的数目在当时是非常大的。还成立了由华西医科大学、成都科技大学、成都电讯工程学院（今电子科技大学）、重庆医学院、重庆大学、第三军医大学、野战外科研究所等十四个单位组成的"生物医学工程研究开发中心"。康振黄很看重这个"生物医学工程研究开发中心"，认为成立的目的是加强横向的协作关系，发挥人力、物力的优势，改变力量分散、项目重复成不了气候的局面。认为它是一个点，可以总结经验，不管成绩多少，起码十几个单位连到一块了，原来不了解的，现在了解了。原来一家一户搞不成的，现在就有可能搞成，医学生物工程如此，农业生物工程可不可以这样呢？食品生物工程、化学生物工程呢？这个值得我们思考。他说：

> 我们的科技工作靠什么来推动？不是靠我们科研人员的兴趣，而是以社会的需求来推动，靠市场来推动，靠用户来推动。否则，恐怕成果不会很多。在国内外，包括我们大家都有过的这种经验，技术发展获得真正成功的，70%以上是靠商业推动的，靠市场推动的，科学技术为经济建设服务，要靠经济建设来推动。[①]

这些观点在今天看来也是真知灼见。

生物技术包括哪些内容？在国家科委1985年的报告里提出四个方面：基因工程、细胞工程、酶工程、发酵工程。康振黄认为这些都是对的，但不仅限于这四个方面。

康振黄在1985年12月17日省生物技术领导小组扩大会上的讲话，强调要加强基础研究，应用研究不能忽视。对一些技术开发中亟待解决的基础问题、应用问题，尤其应组织力量抓紧，要抓上去，为下一步的发展打

---

① 康振黄在省生物技术领导小组扩大会上的讲话，1986年5月28日。

好基础，要有战略眼光，做好技术储备、技术基础工作。要建几个生物技术的实验基地，没有生物技术的实验基地，一切都是空谈，是不行的。要加强国内外的交流工作，做好引进、消化、吸收，然后再创新。不是什么都要我们自己从头做起，自成体系，只有那些切实需要我们解决的基础工作和一些技术课题、关键问题，靠别人就要受卡的，我们要花力量，要投资，要自己研究。他认为，生物技术或生物工程是世界新技术革命很重要的方面，未来新的时期，可以说是生物学的未来。信息技术、生物技术、新材料、遥感遥测技术等方面，可能出现重大效益的突破。国家"七五"规划的建议也指出："要加强生物工程等新兴技术的研究开发，逐步形成若干新兴产业。"国家在 1985 年邀请几百位专家制定的 2000 年中国研究总报告预测："到 2000 年，我国的医药科技有一个较大的发展，具有我国特色的中西医结合的科技项目继续居于世界领先地位，生物技术的研究和利用达到发达国家九十年代水平，基础医药、生物医学工程研究达到发达国家八十年代中期水平。"生物技术是四川省新兴科学技术必须重点发展的项目之一，另一项是微电子技术。

由于省政府领导重视前沿科学技术的示范带动作用，四川的科研工作和成果整体也上了一个新台阶。1986 年 5 月，在全国科技成果表彰大会上，四川省 1985 年科技成果获得国家级奖励情况良好，占全国的比例较高，各项奖励均高于各省平均水平。呈现出三大特点：一是经济效益和社会效益显著。所获发明奖一等奖的"高产优质小麦品种绵阳 11 号"，经过长期实验培育的小麦新品种，适应四川高温、多湿、日照少的特点，抗病虫害能力强，粒大饱满，蛋白质含量高，早熟，易于推广，社会效益大，经济效益特别显著，在 1980—1984 年间，全省增收小麦 46.179 亿斤，合人民币 7.57 亿元，节约种子 4.61 亿斤，折合人民币 7560 万元，两项合计增加经济效益 8.32 亿元，特别在 1984 年经济效益达到 3.45 亿元。二是难度大，水平高，创造性强。四川获奖项目无论是发明奖还是技术进步奖，难度都比较大，技术水平相当高，一部分项目已达到国家先进水平。如获技术进步一等奖项目之一的"Φ900mm 高精度圆柱蜗杆蜗轮付和球面分度蜗轮付"，由于特高精度的蜗轮付制造技术难度很大，国内还没有厂家能生产。重庆机床厂齐心协力，精心研究，终于制造出技术指标达到国际水平、在国内外处于领先地位的特高精度的圆柱蜗杆蜗轮付，对促进我国高精度蜗轮付制造技术和提高滚齿机精度有特别显著的作用。三是数量多。国家技术进步奖，全国共 1761 项，四川 117 项，占 6.6%，其中，特等奖 3 项，一等奖 13 项，二等奖 27 项，三等奖 74 项。国家发明奖，全国共 185 项，四川 26 项，占 14.1%，其中，一等奖 1 项，二等奖 2 项，三等奖 4 项，四等奖 13 项。其中国防系统获奖项目多尤以发明奖最为突出。1985 年国防系统获国家技术进步奖 12 项，占四川省获奖总数的 10.2%；获国家发明奖 19 项，占全省 73.1%。显示四川国防系统技术力量雄厚，是推动全省经济发展、科技进步的一支十分重要的力量。①

亲自推动成立省专利管理局

作为农业大省的四川，在科技工作中，人们的专利意识不强，康振黄上任副省长后，着手筹划成立四川省专利管理局。他在北京开会的时候，提出来专门去拜访国家专利局局长，请教如何设立专利管理局。结果专利局局长恰好是他的学生，立即登门拜访老师。了解了设立专利局的有关情况后，康振黄回来就立即行动。1985 年 1 月，四川省专利管理局正式挂牌成立（现名"四川省知识产权局"）。1985 年 10 月，为了加速专利管理局的发展，康振黄批示拨款十万元，作为省专利局的运转经费。四川省专利局是全国最早建立的省一级专利局之一。作为从事科研工作出身的康振黄，重视科技成果的转化，通过专利知识、产权知识的宣传和教育，各级领导干部对知识产权的认识明显提高，公众的知识产权意识普遍增强，自主知识产权产出能力不断提高，专利技术的实施成效和产业化规模不断扩大，知识产权保护力度不断加大，知识产权工作为四川科技、经济、社会协调发展做出了积极的贡献。四川的知识产权（专利）工作走在了全国的前列，始终保持西部地区第一。1986 年 4 月，国家专利局在成都设立了中国专利局成都代办处。②

---

① 康振黄在四川省荣获国家级科技奖励表彰大会上的讲话，1986 年 5 月 28 日。

② 国家知识产权局，http://www.sipo.gov.cn/zldbc/gdzldbcfb/201310/t20131023_823886.html。

专利局刚成立时，事情很多，专利局的人经常找他。那时，人们专利保护的意识还很薄弱，新津有个农民研制灵芝丸，专利局向康振黄推荐，他亲自去看，与这个农民亲切交谈，从生物科技角度给他提出建议，又从专利保护的角度跟他讲解，还问有什么需要他做的，表达了对民间科技发明创造的支持，后来他们成了朋友。

作为专利制度的直接受益人，曾任四川省科协副主席、省专利协会会长的曾祥炜说：

> 没有专利制度之前，什么事都不能做，是专利制度和四川专利工作的进步改变了我的命运。四川省的专利局就是在康老的倡导关心下建立起来的。我当了将近二十年专利协会会长、副会长。没有办公地点，当时（专利局）租的那个房子就是科委的高知楼一个单元，当时十万块钱就办起来了。专利局是他（康振黄）支持的，他当时是分管省长，而且他是亲自来过问这个事。
>
> 八十年代到九十年代期间，个人发明飞跃地发展，当时这种国有的大型企业，还不太认同这个专利，觉得申请了没有什么意思，东西要公开，还要交钱去维持它，企业没有这种领悟。但是十年之后，国家的大型企业、大专院校才开始大量申请专利，认识到专利制度对保护中国的知识产权，对参加国际的竞争，建立起自己的壁垒，建立自己的专利池和专利的保护网络对于中国科学技术的进步，对工业化有非常重要的意义。因此大型企业、大型的院校开始同步地发展，开始申请专利。四川专利局一直走在前列，专利制度已经非常的健全。他是全国大学挑战杯的评委，当了二十年的评委，挑战杯的项目一定要求参赛人有专利，且是第一发明人。所以专利制度对中国科学技术的进步的促进，他的体会更深。应该说专利制度是由下而上的发展，它会很自然地去填补国家方方面面的空白，世界的科学技术发展也是因为专利制度。

他说，非常地渴望中国有专利制度，看到中国建立专利制度的时候，他的心情真的是很激动。我们以前没有资格，（在国际上）想报什么项目，受条件限制，什么都不能做。现在有了专利制度，想做什么，只要符合它的规则，都可以。我觉得就是给了中国有智慧的人一个广阔的天地。

（对于专利工作康振黄）他要管，经常要去专利协会开会，实质上我相信他的内心，可能比我还要澎湃。第一，那个时候很多省都没有专利局；第二，专利局是属于科委领导下的一个二级单位，它是先建立起来，然后再把专利局独立成为一个局。四川专利局的建立，康老有他的认识，在这一点上可以说他是具有高度的前瞻性、战略性的一个科学家，我是这么评价他的。这个制度会影响很多人。[①]

重视科技顾问团的工作

康振黄就任副省长的时候，省里正在筹建科技顾问团。他十分重视这项工作，不仅因为他自己是科技专家，而且他深知各行各业的技术专家，他们从专业技术方面发表的意见，对政府的决策起着重要的参考作用，是现代管理科学决策中不可或缺的力量。另外，科学、正确地挑选不同专业的专家作为政府顾问，也是非常重要的一个环节。所以，顾问团第一批专家的选聘，康振黄都亲自过问，比如分设哪些学科、聘哪些人，都是他亲自抓。他每周一次，在周四的下午定期到顾问团办公室所在地省科技厅去现场办公，看看有什么问题需要解决、哪些文件需要他批复。现在，顾问团已成为政府决策的重要的专业咨询机构。

推动四川软科学研究的发展

康振黄重视软科学的发展，认为在当代，科学技术发展除了出现加速的趋势以外，还有一种趋势，就是软科学的兴起，软科学在我国这几年是发展得非常好的。软科学的兴起，实际上就是运用一些现代科学技术理论、方法和手段，把自然科学和社会科学结合起来，把定性和定量的分析结合起来，对各种宏观和微观的问题进行一些综合的论证和评价。这在决策的科学化当中正在起着重要的作用。所以，软科学的发展，是当前的趋

[①] 曾祥炜访谈，2016年10月19日，成都，资料存于采集工程数据库。

图 8-4 康振黄（中）与四川的院士们一起（1987年，四川省科协提供）

势之一。他极力推动这门科学在四川的普及与推广。1987 年四川首份软科学杂志《软科学》诞生，他为杂志撰写发刊词，写道：

> 我省各种科技报刊已为数不少，但立足于自然科学与社会科学密切结合的高度上的综合性刊物还甚少。随着我国社会主义现代化建设的深入发展，随着科学技术在国家宏观决策中地位和作用的日趋重要，创办一个综合性的科技政策、发展战略、宏观管理的理论与实践相结合的刊物越来越显得必要。软科学是一种蕴藏着巨大潜力的知识体系，它汇集了当代各门科学技术的知识和精华。我们怀着欣喜、关注和期盼的热情，祝贺《软科学》杂志的诞生；我们热忱期望它成为科技界以及科技界与各级领导部门之间交换信息、交流学术思想的窗口；我们诚挚地祝愿《软科学》杂志在党的阳光雨露滋润下，在为四化大业服务的锦绣前程中，百花盛开春常在，累累硕果献出来。

作为科研人员出身的领导，康振黄也十分重视科研资料的保存、管理工作，认为对这项科研的基础性工作的投入是值得的，他亲自批复拨款购置省科学技术研究成果档案馆专用设备。1985年7月，省科技厅关于购置四川省科学技术研究成果档案馆专用设备申请经费的报告送上来。康振黄立即批示，同意从机动财力（科技）拨给五万元，作为一次性支持省科技成果档案馆的基础设施建设。只有对科技资料重要性的高度认识与深切体会才能做到这样的全力支持。

卫生工作

卫生工作关系人民的身体健康与生命安危，是最能体现一个领导者对广大的人民群众情感问题的工作。康振黄对此倾注了更多的关注。作为分管全省医疗卫生工作的副省长，他对卫生工作也有一段叙述：

> 一段时间，狂犬病在我省有些地区流行，危害十分严重。省里成立了防治狂犬病指挥部，我任指挥长。我和有关部门的同志连续几年到疫区和邻区实地调查部署，走村串户，访问群众。最使我得到安慰的是群众对这项防治工作有了认识，行动上和我们互相配合。采取防治措施时，我们的一切辛苦劳累都忘在脑后了。那几年，我养成了一种习惯，只要在公路上或乡下看到犬只，我总要看看它颈项处有没有挂着注射过疫苗的牌子，这已成为一种习惯了。这些实际工作，使我产生一个念头：能不能研制出注射一次可以管两三年的疫苗（长效疫苗）？于是，我提出部署这样一项科研任务。感谢我们的科研同志们，尽管这当中也有风风雨雨，但任务终于完成了。[1]

二十世纪八十年代初，在康振黄就任副省长之时，四川一些地区的狂犬病比较严重，1984年，全省狂犬病死亡人数达一千二百余人。在康振黄的领导下，以打硬仗的姿态，采取有力的措施，狠抓落实，预防控制狂犬病，经过卓有成效的工作，取得了实效。1985年，狂犬病死亡人数降至

---

[1] 康振黄：点燃为人民服务的心灵火花.《四川统一战线》，1998（8）。

图 8-5　康振黄（右五）与成都地区高校卫生保健协作组成员合影（1985 年，徐文江提供）

四百六十余人，减少近八百人，降低 62%。

在工作中，康振黄不是简单地开会布置工作，而是狠抓落实。在召开了全省预防控制狂犬病的电话会议，布置了面上的工作任务之后，他立即派出了五个检查组，赴全省各地区检查各地对犬只的管理、免疫、对患病犬只的灭杀情况。他自己也亲率一个检查组，前往郫县晨光乡、温江万春乡、雅安南郊乡、名山县百丈乡的部分村、组，走村串户，检查狂犬病疫区的防治情况，了解犬只"管、免、灭"措施的落实情况，与养犬农户亲切交谈，宣传防治狂犬病的重要意义。在冒雨访问百丈乡养犬户时，康振黄着重向群众询问了对免疫家犬的看法，鼓励群众按时免疫家犬。[1]

此外，康振黄还针对一些具体工作中的问题提出了意见措施，如针对一些地方犬只密度回升、犬用疫苗订购不足，他要求各地落实省里确定的犬苗经费先由各地防疫部门垫支的政策，犬苗收费要合理，减轻群众负担的具体问题。他还注意总结经验教训，表扬先进，批评落后，有力地推动了这项工作。

乘势而上。在 1987 年 1 月，省里召开了全省各市、地、州、县（区）政府领导参加的、专门研究振兴四川卫生防病事业的会议，这是自新中国建立以来四川省召开的第一次类似会议。在这次会议之前，派出了三个

---

[1] 四川省狂犬病预防控制办公室：狂犬病防制工作简报。1986 年 6 月 25 日，第八期。

图 8-6　康振黄（右四）赴基层检查狂犬病防疫工作（1986 年，徐文江提供）

调查组，到六个地区二十二县，对贯彻"预防为主"方针、卫生防病工作现状、存在的主要问题、人民群众对卫生防病的需求，做了深入细致的调查，召开了五十余次共五百多人参加的各种类型座谈会，广泛听取了他们对加强卫生防病工作的意见。由于准备充分，会议的目标明确、内容充实，收获很大。通过会议，提高了对振兴四川卫生防病事业紧迫性的认识，增强了抓好卫生防病工作的自觉性。在这次会上，为了巩固全省的卫生工作成果，制定发布了《关于振兴四川卫生防病事业的决定》（讨论稿）。这充分反映了康振黄作为一个学者型的省级领导，作风扎实、工作细致、讲求实效的良好品质。

为了从根本上做好全省的群众卫生防疫工作，在康振黄的领导下，省里先后制订了《四川省传染病管理办法》《四川省生活饮用水卫生管理试行办法》《四川省食品卫生监督员、检查员管理条例》等地方性法规来推动全省卫生工作。[①]

1985 年 12 月，华西医科大学肖坤则教授向他写信反映重视四川新生

[①] 四川省振兴卫生防病事业会议文件之七，康振黄在四川省振兴卫生防病事业会议上的讲话。

图 8-7　康振黄（前排左五）出席少数民族爱心捐赠仪式（1986 年，徐文江提供）

儿缺陷的监测工作，康振黄非常重视，批示："出生缺陷监测工作，我省已有较好基础，应当作为一项特殊研究任务搞上去，所提调人一事，请卫生厅会同教育厅调查情况，给予支持。"

康振黄关心麻风病的防治，关怀麻风病人。他的秘书徐文江谈到，一次他到凉山麻风病人居住区视察，不顾自己已是高龄，主动跟麻风病人握手、攀谈，问候他们。六十多岁时还带头献血。1985 年 4 月，一份《关于解决麻风病防治工作专项经费的报告》送到了康振黄的面前，他马上批示："请卫生厅研究并复去处理意见。"[1]

康振黄还关怀振兴中医的工作，提出大力培养中医技术人才、加快中医科研基地建设、改革中医科研管理、增加经费投入。他也关注肿瘤医院研究的工作。对四川肿瘤医院研究所给予经费支持。

文体工作

在分管全省文化、体育工作中，康振黄的体会是：

---

[1] 徐文江访谈，2016 年 9 月 14 日，成都，资料存于采集工程数据库。

要发展体育运动，增强人民体质，但我们的体育场馆太差劲了。冬天，孩子们在艺术体操练功的地方，冻得发抖；我们没有一个有塑胶跑道的运动场，虽然我们的田径是强项，但眼看要落后；我们虽然有全年都可进行水上锻炼的气候，但是，我们没有一个水上运动场。改善条件，进行建设不是没有难处。我作为分管体育的副省长，自己的责任尽到了吗？内疚给了我勇气，在领导的支持和体育界同志们的艰辛努力下，终于见到了一些端倪。①

图8-8 康振黄（左三）接见青少年运动员
（1987年，徐文江提供）

对于文化工作，康振黄也是倾注了自己的情怀。1986年1月，省委宣传部上报四川两位老画家吴凡、吕琳出国交流活动的经费至今解决不了。康振黄立即批示给予解决。反映多年的问题得以解决，两位老画家得以成行。②

康振黄还领导了对文物市场混乱状态的整顿。

1985年4月，他为《西南信息报》题词："经济建设有赖于信息服务，西南地区尤其如此。"

康振黄对于自己从政十五年做了一个精辟的概括：

我渐渐理解，"从政"原来是这样。那些"政务"里有火花，有点燃你为人民服务的心灵的火花。那些政务里，有多少难忘的人民群众的音容笑貌。这些亲切的面孔，使你觉得为他们服务就是过着有充实

---

① 康振黄：点燃为人民服务的心灵火花.《四川统一战线》，1998（8）。
② 徐文江访谈，2016年9月14日，成都，资料存于采集工程数据库。

第八章 领导四川科教事业 *131*

图 8-9　康振黄（前排右九）出席江油张大千纪念馆奠基典礼（1987 年，徐文江提供）

内容的生活。心系群众、心系工作、心系祖国前进的步伐，这就是我在从政中受到的教育和锻炼。从政是做事，从政也是练人。为能有机会受到这样的教育和锻炼，我衷心感谢党的栽培和人民的信托，这种心情将是历久弥坚、铭记终生的。①

推动四川科教文卫领域立法与监督

1988 年 1 月 27 日，在四川省第七届人民代表大会第一次会议上，康振黄当选为第七届全国人民代表大会代表，同时当选为四川省第七届人大常委会副主任。我国宪法规定，地方各级人民代表大会每届任期五年，康振黄连续两届当选为四川省人大常委会副主任，从 1988 年到 1998 年，共计在省人大任职十年，都是分管教、科、文、卫等方面的工作。

1993 年 4 月，康振黄当选第八届全国人大常委会委员。

人大工作是法律性很强的工作，是依法行使职权的工作。根据我国宪法的规定，全国人民代表大会和地方各级人民代表大会是人民行使国家权

---

① 康振黄：点燃为人民服务的心灵火花。《四川统一战线》，1998（8）。

力的机关。全国人民代表大会和全国人大常委会行使国家立法权。地方各级人民代表大会在本行政区域内，保证宪法、法律、行政法规的遵守和执行；依照法律规定的权限，通过和发布决议，审查和决定地方的经济建设、文化建设和公共事业建设的计划，审查和批准本行政区域内的国民经济和社会发展计划、预算以及它们的执行情况的报告；有权改变或者撤销本级人大常委会不适当的决定。省、直辖市的人民代表大会和它们的常务委员会，在不同宪法、法律、行政法规相抵触的前提下，可以制定地方性法规。县级以上的地方各级人民代表大会常务委员会讨论、决定本行政区域内各方面工作的重大事项；监督本级人民政府、人民法院和人民检察院的工作；撤销本级人民政府的不适当的决定和命令；撤销下一级人民代表大会的不适当的决议；依照法律规定的权限决定国家机关工作人员的任免；在本级人代会闭会期间，罢免和补选上一级人代会的个别代表。

各级人代会及其常委会在宪法和法律规定的范围内行使职权，依法行使职权，同时也受到法律和人民群众的监督。所以，人大工作是一项法律性很强的工作。

监督权是人大及其常委会职权的主要内容之一，因此，监督工作是人大及其常委会工作的一个重要方面。我国地方人大设立常委会近三十年来，监督工作不断成熟，监督制度不断完善，监督渠道不断扩展，监督效果不断增强，地方人大监督工作伴随着我国社会主义民主法制建设的步伐稳步前进，成绩显著。

在监督内容方面，行政机关、审判机关、检察机关由人大产生，对它负责，受它监督。负责什么呢？一是保证宪法和法律的实施、遵守和执行；二是进行良好的工作；三是由合适的人员来领导和负责这些工作。人大监督的主要内容就是这些机

图8-10 康振黄（右）在省人大办公室工作
（1989年，黄智刚提供）

第八章 领导四川科教事业 *133*

关负责的内容。

在监督方面，我国宪法和法律规定的人大及其常委会的监督方式，如听取和审议"一府两院"的专项工作报告，审查和批准本行政区域的计划和预算，执法检查，质询，特定问题调查，罢免，撤职，等等。

加强地方人大监督所遵循的原则是：依法原则、民主原则、公开公正原则、党的领导原则。

康振黄作为四川省人大教科文卫这个口的负责人，为了推进四川教科文卫的立法、监督工作，落实"科教兴川"的任务，可谓不遗余力，开展了创新性的工作。

突出地方特色，提高立法质量

制定地方法规，是宪法和地方组织法赋予省级人大及其常委会的重要任务，协助省人大及其常委会加强教科文卫方面的法制建设，为经济建设和社会发展服务，是地方组织法赋予省级人大教科文卫委员会的根本职责。

四川省人大教科文卫委员会在康振黄的领导下，十年来，充分发挥专门委员会的职能作用，开展了密集的立法工作，协助常委会制定地方性法规十四件，使其实际工作有法可依，有章可循。如1988年制定的《四川

图8-11 康振黄（前排右七）出席第七届全国人大四次会议四川代表合影（1992年，黄智刚提供）

省关于预防控制狂犬病条例》，1991年3月制定的《四川省技术市场条例》，1991年5月制定的《四川省文化市场管理条例》，1991年7月制定的《四川省中等职业技术教育暂行条例》，1994年制定的《四川省医疗机构管理条例》，1995年4月制定的《四川省〈中华人民共和国教师法〉实施办法》，1996年6月制定的《四川省防震减灾条例》，1996年8月制定的《四川省〈中华人民共和国母婴保健法〉实施办法》，1997年2月制定的《四川省中医条例》，1997年6月制定的《四川省专利保护条例》，1997年8月制定的《四川省体育条例》，1997年10月制定的《四川省〈中华人民共和国食品卫生法〉实施办法》，1997年12月制定的《四川省科学技术进步条例》，等等。①

这些立法工作主要体现在三个方面：一是从地方需要出发，制定单行条例和决议决定；二是为保障国家法律的实施，结合四川实际制定实施办法；三是为维护法制统一，依照上位法对四川地方法规进行修改和废止。通过这些立法工作，逐步形成四川教科文卫事业发展的地方法规体系，有力促进四川经济建设和社会事业的发展。

围绕工作中心，注重监督实效

在康振黄的领导下，围绕"科教兴国"战略，突出文化、教育、科技等国家和社会事业发展重点，根据当时工作的重点选择议题，通过协助全国人大常委会以及受其委托进行执法检查，协助省人大常委会开展执法检查，听取和审议政府工作专题报告等形式，充分发挥人大专门委员会的监督作用，促进四川教科文卫事业的健康发展。如抓住难点，每年对义务教育法、义务教育法实施条例和《四川省计划生育条例》进行检查，协助常委会听取政府汇报并针对实施中的问题做出相应的决议。1990年9月，国家计生委转发四川省人大常委会关于计划生育执法检查的情况报告，要求全国各级计生部门主动加强与人大的联系，自觉接受监督并不断改进工作，《人民日报》为此在头版头条予以报道。同时突出重点，协助常委会对实施教育法、科技进步法和《四川省文化市场管理条例》情况进行了执法

---

① 黄智刚访谈，2016年9月30日，成都，资料存于采集工程数据库。

图8-12 《四川画报》记者在办公室采访康振黄（左二。1990年，徐文江提供）

检查，其中对文化市场的执法检查采取了人大代表问卷调查、暗访查询与公开检查相结合的方式，取得了明显成效。1990年，国家提出了"科教兴国战略"，通过调查研究，四川省1992年发布了"科教兴川五十条"，并相继制定了十三个配套文件和"知识分子工作二十三条"等政策措施。1993年全国科技工作会议过后，四川以科技产业为突破口。1994年发布了"四川省加快科技体制改革方案要点"，同时召开全省科技大会，明确提出通过大力推进科技成果在全社会的广泛应用和大办科技产业，提出了目标，扎实开展调研，提高工作水平。深入实际调查研究是人大及其常委会履行好职权的基础，是专门委员会做好各项工作的基本要求。根据立法和监督工作需要，康振黄领导教科文卫委员会主要抓了两类调研：一是探索性质的专题调研，二是围绕立法和监督开展的调研。这些调研从了解情况、发现问题到剖析原因、提出对策，为实际工作提供了依据，调研成果有的被运用到法案审议中，有的提供给相关部门参考，对加强法制建设、促进社会事业的改革发展、解决群众关心的热点问题、提高工作水平起到了积极的推动作用。在1991年、1992年集中精力对四川科技工作进行了较全面深入的调查研究，促进了落实科技是第一生产力和推动科教兴川战略决策的实施。1989年《关于尽快整顿我省文化市场的建议报告》，促成了省人大常委会《关于清理整顿书报刊及音像市场的决议》的制定，并直接推动了《四川省文化市场管理暂行条例》的出台。围绕社会事业发展开展的专题调研，促成了《四川省科技进步条例》《四川省中医条例》等的制定及实施。

认真审议议案，促进依法行政

审议代表议案，督促议案办理，认真办理和答复代表的建议、批评和

图 8-13　四川省第八届人大常委会成员合影
（前排左五为康振黄。1993 年，黄智刚提供）

意见是法律赋予专门委员会的重要职责。康振黄领导省人大教科文卫委员会承续办理了第六届人大的关于四所干部管理学院办学问题的议案，各大报刊加以报道，引起省内外强烈反响，被《经济日报》列为中国民主议政典型事例之一。

加强经常联系，拓展工作层面

为加强地方人大教科文卫法制建设，康振黄重视与各级人大的相互联系、协同配合工作，通过参加全国人大教科文卫委员会召开的有关会议，出席西部地区人大教科文卫委员会座谈会以及走出去、迎进来等方式，不断与兄弟省区市学习交流立法和监督工作经验，围绕工作重点，委员会几乎每年都召开市州人大教科文卫法制工作研讨会，多方面、多角度探讨地方人大法制建设的经验和体会。还通过联系人大代表、编印书籍资料信息、培训基层干部等形式密切了各级人大的工作联系，促进了各方面工作的开展。每年召开政府对口联系部门的座谈会，互通情况，衔接工作，每年几次听取有关部门的工作汇报，及时有效地开展监督工作。

作为全国人大常委会委员，康振黄经常参与全国人大法律草案的讨论，他对送来需要讨论的法律，总是认真地审读，字斟句酌，表现出对国家立法的高度的责任感。他在省人大期间的十年，是四川教科文卫领域立法工作最好的时期之一，在立法方面，既监督政府，又协力支持政府的科技工作。①

在人大的工作中，康振黄秉承坚持党对人大教科文卫工作的领导，坚持以科学发展观统领，坚持以人为本，把关注民生作为人大教科文卫工作的重心，坚持突出立法重点、增强监督实效的原则。

秘书徐维权对康振黄在省人大工作的情况做了比较全面和深入的回忆：

> 他在日常工作中对科技教育的关注和促进，他把它作为自己的使命，不遗余力地推进。这个是我很真切的感受。他当时做国务院学位委员会委员，对四川申报硕士点、博士点，他都是悉心指导。对学科建设，大学的学科建设经常都是提出指导性意见，我们基本上都是这样的一个习惯，每到一个地方都会去参观当地的学校。到学校去看一看，特别是大学。探讨一下大学的学科建设、发展，听取一些意见，提出一些指导性意见。

徐维权曾陪康振黄参观一些中学，在三元外国语学校，参观了之后康振黄邀请那些初中生围绕桌子座谈，然后就学生提问，他现场解答。他对这些学生反反复复地问，说学问学问不问就学不好，就是说要善于提出问题。他对知识分子关心爱护。像有些省内知识分子，包括一些年轻的学者经常来找康振黄，跟他交流。对这些专家学者，他没有居高临下。他说他本人就是一个教书匠，在位的时候只是一时，但是老师是他一辈子的职业。所以他时时把教师这个职业引以为傲，他说这个才是他看家的。

康振黄确实对教育、科技有感情。有一次他到新津，新津有一个农民

---

① 徐维权访谈，2016年10月20日，成都，资料存于采集工程数据库。

搞灵芝丸，灵芝有多种功能，他制成灵芝丸，专利局当时有工作人员在那儿，邀请康振黄去看。那就是一个纯粹的农民家，他不只去了一次，去了两三次，跟这个农民一起交流，很亲切，他从生物科技的角度提出建议。那个农民后来跟康振黄成了朋友，还到康家去。

那几年省上的风气特别好，因为康老在把握，各个领域的老同志对康老也很尊重，他也是率先垂范。我觉得康老就是给人玉树临风的感觉的那种知识分子，作风非常正，没有什么官场的陋习，当然可能也是时代的氛围不同。康老也不喝酒。我感觉他参加这些所谓的宴会对他来说是比较痛苦的折磨，反正他不说什么官话、套话、酒话。①

曾任四川青年科技基金会会长、《四川科技》画册主编蒋武则从另一个方面谈到康振黄在四川科技管理中的能力和威望：

我跟康老算是从工作交往乃至于朋友的交往中成为忘年交的，感受很深。往往有一些科学家进了政坛以后，时间久了难免慢慢地耳濡目染，就是进入了官场，同化了。但是康老始终秉持他自己的风范，做人有人格。这一点他把握得很好。他也不招惹人，他始终鼓励跟他一起共事的人。从中央、全国人大领导到四川省委，不管是政府领导还是专家学者，跟他一起共事的，对他都有一种认可。

有一年他们策划了一次青年科技专家座谈会，当时省里的领导、学科带头人都参加了。有人对这么高规格的座谈会感到很惊诧，他说这个事情跟康老汇报过，康老非常赞同。康振黄对蒋武说，四川省学科带头人长时间没有得到高度的重视，要重视四川的科技人才，这一项计划非常重要。当时就定在"五四"青年节头两天开。在会上康老讲话，说没想到青年科技基金会同志做了大量的工作，还真感动了领导，今天请省里的领导感触

---

① 徐维权访谈，2016年10月20日，成都，资料存于采集工程数据库。

一下。每个省或者我们国家的发展，人才是最关键的，没有人才国家就发展不起来。四川省青年科技基金会，由于康振黄当仁不让地坐在理事长这个位置上，影响了一大帮人。四川省的基金会还是学会，没有一个学术组织得到如此多的重视，就是因为康老当仁不让的这种责任和担当，引领了四川一帮院士积极参加，都进入这一个青年基金会，当时叫跨世纪学科，十几个院士就齐齐刷刷地都进入专家委员会，这也充分说明了康老在这些人心目中的影响。所以说跟康老在一起，时间越久感觉这种正能量的熏染就不知不觉地升起。他时常感叹，康老的几个秘书都很平实，心性都很坦荡和正直，恐怕都是康老熏染的。

无论是教育还是科技方面的事找到他，他都非常支持，在他即将卸任省人大的时候，我们青年基金会要跟他汇报，有一些事情商议都得到他的指导，甚至有的时候直接到他家里、人大的办公室。有时候我看他年事已高，太晚了，怕打扰他，但是他觉得这是好事情，说没事，让接着说，非常有积极性。

我觉得康老是一个很睿智的人，他做人有底线，他知道在特定的语境之中应该怎么表达，为他所分管的部门以及他的属下争取更好的工作环境，达到更好的目的和效果，这是一种睿智。

他是一个儒雅的人。省科技厅外事办经常请他去帮助接待外宾。康老游刃有余，对外国的专家，他很讲礼节，叫我们提前去恭候，然后吃完饭之后我们列队站到门口欢送。很有礼节。[1]

图 8-14 康振黄（前排右三）在省政府接待日本访问团（1987 年，徐义江提供）

---

[1] 蒋武访谈，2016 年 10 月 20 日，成都，资料存于采集工程数据库。

创新四川科技人才培养和科普工作方式

1986年9月,康振黄在四川省副省长的任上当选为省科学技术协会(以下简称"省科协")第三届委员会主席。1991年,他再次当选为省科协第四届委员会主席。直到1996年11月卸任,在这个岗位上,他连续做了两届。

康振黄认为,科协是党和政府联系广大科技工作者的桥梁和纽带,要反映科技工作者的呼声,支持他们的工作,建好科技工作者之家。他曾说过:

> 联系和动员广大科技工作者为国家科学技术的自主创新、祖国建设的千秋伟业,贡献聪明才智,是我们科协工作者的光荣任务,也是我在两届省科协主席任内的最大追求。喜看今日科协事业日新月异,蓬勃发展,人才辈出,硕果倍增,心神之振奋,莫过于此。[①]

四川省科学技术协会是四川省科学技术工作者的群众组织,是中共四川省委领导下的人民团体,是党和政府联系科技工作者的桥梁和纽带,是国家推动科学技术事业发展的重要力量。四川省科协由省级学会、协会、研究会和市、州科学技术协会组成,是中国科学技术协会的地方组织。四川省科协成立于1958年11月。

科协的宗旨是:坚持以马克思列宁主义、毛泽东思想、邓小平理论和党的基本路线为指导,认真实践"三个代表"重要思想,团结和动员科学技术工作者以经济建设为中心,坚持科学技术是第一生产力的思想,实施科教兴国和可持续发展战略,积极投身西部大开发,促进科学技术的繁荣和发展,促进科学技术的普及和推广,促进科学技术人才的成长和提高,

---

① 四川省科学技术协会:《公仆本色、学人风貌:贺康振黄教授九十寿辰》,2009年,第120页。

图8-15 康振黄（前排右五）与省科协同事一起（1995年，四川省科协提供）

促进科学技术与经济的结合，为社会主义物质文明和精神文明建设服务；反映科学技术工作者的意见，维护科学技术工作者的合法权益，为科学技术工作者服务。

科协的主要任务是开展学术交流，活跃学术思想，促进学科发展和技术创新。弘扬科学精神，传播科学思想，普及科技知识，提倡科学方法。捍卫科学尊严，推广先进技术，开展青少年科学技术教育活动，提高公众科学文化素质。反映科学技术工作者的意见和要求，维护科学技术工作者的合法权益。组织科学技术工作者参与四川省科学技术政策、法规的制定和重大事务的政治协商、科学决策、民主监督工作。表彰奖励优秀科学技术工作者，举荐人才。开展科学论证、咨询服务，提出政策建议，促进科学技术成果的转化，接受委托承担科技项目评估、科技成果鉴定、专业技术职务资格评审等任务。开展民间国际科学技术交流活动，发展同国外的科学团体和科学工作者的友好交往。开展继续教育和培训工作。兴办符合四川省科学技术协会宗旨的企、事业，负责科技场馆的建设和管理。

具体来说，省科协的主要任务有三大项：一是科学技术普及的宣传教育，二是开展学术交流，三是维护科技人员的权益。后来还派生出咨询等工作。

康振黄非常重视科普工作。他很早就提出来，科普工作要从青少年抓起，教育青少年从小树立科技意识，科技思想。建立青少年科技活动中心，对青少年进行科普教育，教育他们学习科学、运用科学、热爱科学。还办了科普杂志《科幻世界》，对象就是中学生，宣传科技，进行科普教育，办得好，很有成绩，发行量是四川第二，两千多册。从小对青少年进行科学的普及，很受欢迎。

另一方面，面对广大农村，办了科技报，引导他们科学种田。在农村建立科技协会，种植、养殖协会，进行科技指导，全省有三千多个科技协会。在全国是走在前列，在全省是第一。

在学术交流方面，省科协原来主要是指导科技方面的工作，随着科技水平的提高，康振黄提出来，单科发展会落后，要进行交叉学科的研究、多学科的交流、思想的碰撞。在康振黄的思想指导下，科协建立起不同学科的学术委员会，全川有二百多个。重视对科技人才的培养。康振黄说，重视科技一定要重视对科技人才的培养，科技人才是载体。他主政期间，成立了省青年科技联合会，他说，老科学家已经不需要更多的平台，他们成就多。年轻人要给他们找一个平台，进行交流、碰撞，让省里的党政领导了解这些青年科技人员。把四川有一定影响、有培养前途的年轻科技人员，集中到青年科技联合会，定期、不定期地开会研讨，交流。还与省科

图8-16　康振黄（第二排左七）出席青少年爱科学夏令营开营式（1985年，徐文江提供）

图 8-17　康振黄（前排左十）参加青年学科带头人资助评审会
（2000 年，四川省科协提供）

技厅联合，对这些年轻科技人员的成果给以经费支持，有些取得了很好的成效。还为国家培养了一批复合型的管理人才，四川有八名副市长是从青年科技联合会出来的。

而对于老科学家，则注意发挥他们的作用，康振黄提出来，要对老科学家进行挖掘，效果很显著。他提出给老科学家祝寿，不是单纯祝寿，是通过这种形式，挖掘老科学家的教育思想、科研成果、高尚人品，给后人留下精神食粮、科学精神。像重庆未分出去之前的西南农学院侯光炯院士等，通过祝寿，找出他们身上的闪光点，编印成《四川科技精英》，四年出一本，收录总结科学家的成果、精神、奉献，进行宣传，留下了一笔宝贵的精神财富。虽然康振黄当时尚不是院士，但四川的院士们都很尊重他，他的学识、水平、人品，在实践中留下了非常好的印象。

三是给科技工作者维权。改革开放初期，科技人员业余兼职不能收取任何报酬，否则就是违法，要给予纪律处分或追究法律责任。康振黄领导科协帮助科技人员打官司、申诉、平反冤假错案，还给他们授锦旗，对鼓励科技人员很有成效。康振黄认为，科学技术本身还不是生产力，要转化以后才能成为生产力，要转化好了才能促进四川经济的发展，所以他很重视科学技术的转化工作。科协搞了一个"经桥工程",在经济与科技之间牵线搭桥,每年都有上千项这样的经桥工程项目。举办科技展览,把成果、产品推销出去。康振黄亲自参加这些科技成果的转化推广活动,为其站台助威。在成果的推广转化过程中,派生出来科技咨询工作,协助进行科技成果的展示、推广。

1998年四川严重的洪灾过后,对今后如何预防、减少自然灾害对四川造成的危害,康振黄要求科协很好地进行研究,组织若干个学科开会,对1998年的洪灾进行反思,开展调查研究,写出调研报告,送交省政府领导参考。

康振黄主政省科协时,科协联系的全省科技学会一百七十多个。

康振黄在科协的同事谈到,他很尊重别人。他是党外科协主席,没有进科协的党组班子,党组领导开完会跟他报告会议情况,他都是仔细听,重点的、重要的还要记下来。听完了意见,他同意的就明确表态赞同并强调,有不同的意见就提一些建设性的意见,他的意见都很有见地,让人信服。

他们说,康振黄除了大会讲话,所有稿子都是自己写。有时候,他即兴讲话,有思想,有见解,整理出来就是一篇很好的文章。说明他平时都在思考,已经深思熟虑。

康振黄在科技界很有影响,表现出很高的科技工作领导水平,科协的副主席、常委中院士不少,大家都很服他。只要看到康老在常委会上讲话,大家基本上都围绕着康老的思想展开讨论,起到了指导引领的作用。他对问题考虑比较深,和实际结合比较紧,所以他提出的问题都能得到大家的拥护和支持。

曾任省科协党组主持工作的副书记聂秀香说:

> 总的印象,我觉得康老是我见过领导当中,最值得尊重的一位领导,我非常钦佩他,不管是从学识、领导才能,还有人品,以及爱国情怀都非常钦佩他。康老非常重视科普。他很早就提出来,科普工作要从青少年抓紧。康老提这个思想大概三年以后,中央发给我们的关

于加强科普工作的意见，才提出了科普工作的三个重点人群：一个就是青少年，一个是广大农村，再一个就是各级领导干部。从中可以看出，康老在这方面的建议很早就提出了。

在科普工作中，康振黄提出要面向广大的农村。因此，后来科协办的《科学报》就有了定位，基本是面向全省农村，向农村宣传科普知识，包括科学种田。里面有一个栏目叫做"科园百花"。省科协当时成立了一个农业技术协会，里面包括养猪协会、养鸡协会、养羊协会、种植业、养殖业等各类协会，最多的时候，四川省的农业技术协会达到一万多个。它们负责对农民进行技术指导，技术帮助，包括利用良种、提供种植技术。然后让农民收起来的果实集中起来进入市场，这个起到非常重要的作用。农业技术协会数量在全省居第一，这是在康振黄的指导下开展起来的。他很有思想。

科技成果转化工作，康振黄也非常重视。当时科协搞了一个工程叫做"经桥工程"，就是在科技和经济之间搭建的桥，使得科技成果转化出去。这个方面他很早就提出来，一定要在科技成果转化中，科协要在这个方面下一点功夫，要做一些工作，促进科技成果转化，在促进四川省的经济发展、促进大家对经济建设做出实实在在的贡献。当时科技系统每年都要做几十件的经桥工作，也就是科技和经济之间的结合，搭这个桥。

省科协原副主席曾祥炜也谈到康振黄在省科协的一些情况：

> 我到省科协之前已熟悉他，他任省科协主席，我任的是部长和副主席，给我留下的印象就是和蔼、善良、乐于助人，又非常有原则的一个人。科协是科学家的殿堂，科技工作者之家，要反映他们的呼声，要为他们解决一些困难、问题，有责任向政府去呼吁。另外就是召开这种交叉、综合的学术的会议，让大家得到学术上的交流。康老有学术上的地位、威望，他坐在这个位置非常合适、得体，能够很正面地引导学术的发展，学术界的空气。学术空气也是很重要的贡献，

图 8-18　康振黄（前排左九）会见日本青年访华团（1982 年，家属提供）

把知识传给下一代，努力去做事情，在科学技术界咱们都要有这种情怀，还有一种精神上、感情上大家在一起。①

主政四川民盟的建设与发展

1952 年 9 月，康振黄在重庆参加中国民主同盟，介绍人为重庆大学副校长金锡如。"盟内的同志们相处十分融洽，大家常聚在一起，学习、交流，谈体会，讲心得。每一次聚会都觉得有收获、有进步，受益匪浅。"几十年后，康振黄向人讲起当时的情景，仍然充满着怀念之情。

后来调入成都地区工作，康振黄也一直作为人民代表参政议政。从 1954 年 12 月至 1966 年 1 月，康振黄分别当选为成都市第三、第四、第五、第六届人民代表大会代表。

从 1983 年起，康振黄当选民盟四川省委员会主任委员。

---

① 曾祥炜访谈，2016 年 10 月 19 日，成都，资料存于采集工程数据库。

第八章　领导四川科教事业　　*147*

图8-19 康振黄与费孝通（左）一起视察凉山少数民族地区（1991年，家属提供）

从1988年10月至1997年10月，康振黄连续两届当选民盟第六届、第七届中央委员会副主席。1997年10月23日起，康振黄担任民盟第八届、第九届、第十届、第十一届中央委员会名誉副主席，至2012年年底卸任。

作为四川省民盟负责人，康振黄关心基层民盟组织的发展，经常到基层民盟视察、指导工作。尤其是他对省内边远、少数民族地区的教育、卫生事业的发展，倾注了更多的心血。凉山大学（今西昌学院），是省民盟和凉山州民盟联合建立起来的，是民营学校办得很成功的大学。康振黄的初衷是想把它办成像深圳南方科技大学类似的有特色、由专家治校的学校，他希望在办学方面有一些突破，有更多的办学自主权，做一个有益的尝试。他认为，偏远地区的落后，最根本的还不是经济的落后，而是教育、科技的落后，所以对他们的扶贫，不单单是给予经济上的支持，重要的是要发展教育、开启民智，物力的支持是短暂的，智力的支持才是根本、长远持久的。在凉山大学1986年7月成立两周年的时候，他本来想亲自去庆祝，但因为工作关系去不了，他吩咐秘书发贺信。秘书起草好贺信后，他亲自做了仔细修改，改好后才让发出去。在贺信中倾注了康振黄深厚的感情：

欣悉七月二十三日举行凉山大学建校两周年活动及首届毕业生毕业典礼，本拟届时前来祝贺，因已另安排，不能如愿亲来，特此致函。在凉大建校两周年及首届毕业生毕业之际，向你们并通过你们向全校师生员工表示热烈的祝贺。

经济建设、社会发展、科技进步，都取决于人才，而解决人才的关键在于教育，让教育事业在面向四化建设的轨道上得到蓬勃发展，

图 8-20　康振黄（前排左四）与出席全国民盟八大的四川代表合影（1997 年，由家属提供）

确实是一项迫在眉睫的、带有根本性的战略任务。办好凉大是党的事业的需要。希望你们在肯定成绩和总结经验的基础上，为了迎接新任务、新挑战更加团结奋发，勇于开拓，作出新的贡献。①

他的同事们评价说，康振黄作为民主党派领导人的尺度把握得非常到位，是政治家里面的科学家、教育家，又是教育家、科学家里面的政治家。他给民盟开会，提出原则性意见，强调两点：一是坚持中国共产党的领导，有所为有所不为。他担任四川省民盟主委期间，政治上没有出任何问题，作为中共执政的参政党，有效发挥了作用。二是他经常要求民盟成员要加强学习党的路线方针政策和国家的大政方针，不要在工作中迷失方向。同时要做好工作。在西南地区的民主党派人士中，康振黄是得到认可的。民盟里面集中了很多教师、知识分子，大家都很佩服他。

他的秘书徐维权谈道："在我们人大这些领导中，民主党派里头，康老负责西南地区民主党派，等于他就相当于联系这一片民主党派，西南地区

---

① 秘书徐文江提供档案留存稿。

图 8-21　康振黄（前排左三）在达州基层民盟视察（1995 年，家属提供）

图 8-22　康振黄（左五）视察凉山大学（1995 年，徐文江提供）

民主党派他非常熟悉，包括在民盟中央，他的关系很好。"[1]

　　1998 年康振黄在接受《四川民盟》记者的采访时，谈到他闲暇时在对

---

[1]　徐维权访谈，2016 年 10 月 20 日，成都，资料存于采集工程数据库。

图 8-23　康振黄（前排左三）下基层调研与西南交通大学民盟盟员合影
（2001 年，西南交通大学档案馆提供）

自己的过去进行反思，他说：

> 民盟要不要反思？过去做工作是靠一种朴素的感情，靠知识分子在思想上与党的主张和政策有一种天生的亲和力，我们接受党的领导，跟党走，走社会主义道路，做了许多工作，发挥了自己的作用。但是，我们的工作不能停留在过去的思路上。时代不同了，形势变化了，一定要加强学习，积极思考，与时俱进，认真反思我们的工作。新形势下，民盟的思想政治工作也要有新的思路和新的方法。要符合时代的要求，跟上形势的变化，针对与过去不同的对象，明确工作，开展工作，建设好高素质的参政党。[①]

2010 年 5 月 31 日，民盟四川省委在成都召开座谈会，庆贺他九十诞辰。

[①] 史济群：大家风范公仆本色：访民盟中央名誉副主席、民盟四川省委名誉主委康振黄。《四川民盟》，2004（1）。

第八章　领导四川科教事业

第九章
老骥伏枥

继续科学研究工作

1999年11月初，中共四川省委组织部通知康振黄，根据中央组织部的文件通知，他即日退休。当时他已接近八十岁了。但对于忘我工作的康振黄来说，却不知自己老之已至，还在继续为他所热爱的工作和学术活动不断辛勤努力。

继续在学术领域耕耘。2003年11月，康振黄在《医学研究生学报》杂志上发表了"主动脉瓣狭窄下游流场均匀性研究"论文。

2005年3月，康振黄在"中国公众科技网"上发表了"血液循环系统的设计理论与应用对科学技术的再认识"的论文。

出席学术讨论会及其他重要会议。1996年4月，康振黄作为中国科学技术协会第五次全国代表大会特邀代表出席科协大会。同年12月，出席在成都举行的"第五届全国生物力学学术会议"。

1998年8月，康振黄赴日本大阪大学出席"第三次世界生物力学大会"。

关注工程科学的发展。康振黄对及时介绍国外有关学科（特别是工程科学）的专家和专著是十分积极的。2007年，康振黄在他八十八岁高龄的时候，亲自翻译出版了英国贝格（B. A. Beg）博士的新作：《当代世界领先的工程科学大师们》一书，全书十六万字。他在译者献言中说：

图9-1 康振黄（左一）在日本参观生物力学实验室（1998年，家属提供）

> 我为什么要翻译这本书？科技发展，人是根本。其中，大师辈的开拓者们尤为关键。我选择翻译这本书目的在于介绍当今这个新兴领域里的一些世界领先的卓有成就的大师们的治学理念和具体实践，特别是他们高瞻远瞩、攻坚探微、纵横跨越、创新开局以及薪火相传、蔚成风气、理论与实验并重、人才与成果齐出、推动科技创新、促进社会发展的卓越业绩，令人敬佩……这些经验，对中国"科教兴国"战略的实施，很有参考价值；对当今科技工作的发展，有实实在在的借鉴作用。[1]

他所介绍的这十位工程科学大师是：一般工程科学的 A. C. Eringen 教授（普林斯顿大学），环境与工业工程科学的 H. S. Takhar 教授（曼彻斯特城市大学），生物流体工程科学的 R. Skalak 教授（哥伦比亚大学／加利福尼亚大学，圣地亚哥），水动力工程科学的 T. Y. Wu 教授（加利福尼亚理工学院），生物力学工程科学的 Y. C. Fung 教授（加利福

---

[1]（英）贝格：《当代世界领先的工程科学大师们》。康振黄译。四川科学技术出版社，2008年。

第九章 老骥伏枥 *153*

尼亚大学，圣迭戈），化学工程科学的 H. Brenner 教授（麻省理工学院），数值工程科学的 K. J. Bathe 教授（麻省理工学院），热工程科学的 C. L. Tien 教授（加利福尼亚大学，伯克利），结构与地质技术工程科学的 W. F. Chen 教授（夏威夷大学）以及火工程科学的 H. W. Emmons 教授（哈佛大学）。他在介绍中说：

> 工程科学在上世纪五十年代，在美国有很大的发展，现在已经渗入大批的工程学中，本书讨论的这十位教授的工作，是功不可没的。

康振黄为促进学术交流，从来都是不遗余力的。"美美与共"是他的向往，也是他的信念。

获得多项重要的荣誉。1997 年 9 月 1 日，康振黄所参与的"跨学科、高层次生物力学专业人才培养模式的探索与实践"科研项目获得四川省教学成果二等奖。1998 年 6 月 27 日，康振黄获得四川省政府授予的四川省学术和技术带头人称号。

2000 年，他被美国纽约科学院遴选为院士；2001 年，被美国传记研究会聘为会员；2006 年 1 月，受聘《生物医学工程学杂志》第四届编辑委员会顾问编辑。

2008 年 4 月，在第七届全国生物医学工程大会上，康振黄被授予生物医学工程学会荣誉会员称号。12 月，被选为欧洲生物力学学会外籍会员。

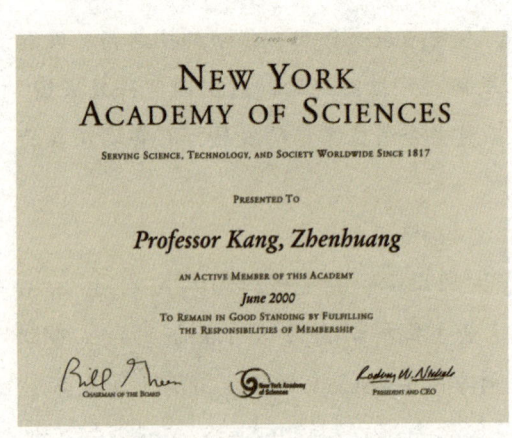

图 9-2　康振黄纽约科学院院士证书
（2000 年，由家属提供）

关心科技、教育事业

康振黄 1999 年正式退休之时，正值国家提出"西部大开发"的战略决策。作为西部大省曾经主管科教工作的领导，他并没有坐视不理、袖手旁观，而是积极参与其中。虽然已不在岗位，他还是利用社会地位与影响发表自己的看法，为西部大开发战略的实施建言献策。2000 年 8 月，他在民主同盟中央委员会主办的政治性与学术性结合的综合性刊物《群言》上撰文"寄言西部大开发"，他满腔热情地拥护中央的决策，认为"西部大开发，全国振奋。对西部来说，是旷世奇遇。"西部大开发，要做的事很多。

> 这当中有一个很重要、很根本的问题，就是提高国民素质和加强领导班子建设。……在一定意义上也许可以说，是这项伟业的灵魂所在。[①]

康振黄以自己从政多年的切身体会，一语中的，直指要害。因为，搞好西部大开发，人们的觉悟和素质及各级领导的执政能力是最主要的、决定性的。

西部大开发，科学与教育要先行。应该说，经过改革与对外开放已经二十年，科学与教育在国民经济发展中的重要作用，大家已经看得非常清楚，没有异议了。但是为什么还是进步不快呢？康振黄认为，关键是落实问题。

> 西部大开发，科教要先行，这是完全正确的。问题是怎样落实到提高群众和领导的现代化素质上，怎样落实到大力发展先进的生产力

[①] 康振黄：寄言西部大开发。《群言》，2000（8）。

第九章　老骥伏枥

上。政策、规划、方案等，都是必要的。问题的难点，说到底，还在落实。

这些话语都凝结了康振黄多年从政经验的真知灼见，读来让人振聋发聩。也充分地体现了一位老干部、老学者对党、对国家的一片赤胆忠诚。

离任后，康振黄仍然关心四川的科技发展，有事找到他都非常热心。找他汇报希望得到他的指导和支持，他都不在意，甚至直接到他家里。时间较长太晚，怕影响他休息，但他认为是好事，还挂职省青年科技基金会理事长。

随着年龄的增大，逐渐地，康振黄从人们视线中淡出了，但他并没有从自己钟爱的事业中淡出。他每天坚持看英文报纸，关注国际前沿科技动态，把了解到的情况反映给有关领导和部门。

2009 年，为了保留住中国大陆在由当今世界二十几位顶尖级生物力学家组成的世界生物力学学会理事会中的席位，康振黄不顾八十多岁的高龄前往加拿大，看到自己开创的事业后继有人，他十分欣慰。

2010 年，在康振黄九十岁的时候，他还获得省政府"有特殊贡献专家"的称号。这在康振黄获得的许许多多荣誉中或许并不具有多大的分量，然而他向我们展示了康振黄退而未休的退休生活的一个侧面。

有记者采访康振黄的退休生活，他讲得最多的是读书和思考。他说，退休后，有了更多时间，这使得他能够了却多年来希望系统地读一些历史和哲学书籍的愿望。德谟克利特说过，智慧生出的果实，第一就是"善于思考"，智慧基于理性的思考，这是产生思想的摇篮。同样，也是理性的思考，使康振黄将目光越过力学的天地，投向历史深处。康振黄对记者说，近二三十年来，出现了一种世界性的趋势——反思。这是一个自然科学、社会科学都处在不断反思的时代。在过去的一百多年时间里，世界的政治、经济、文化、科技等领域，都发生了重大变化，这促使人们更加深入地反思自己走过的道路，反思的现象比上世纪前半叶更加活跃[1]。

---

[1] 史济群：大家风范公仆本色：访民盟中央名誉副主席、民盟四川省委名誉主委康振黄。《四川民盟》，2004（1）。

前些年走动方便的时候，康振黄一直保留一个习惯，每天只要可能，就要回曾经工作过的校园，转一圈，散散步。看到青年学子在湖边垂柳下低吟浅诵，听到上课的钟声悠然响起，他觉得是一种享受。这是他几十年教学生涯留下的一种"恋教"情结。

第十章
家庭生活

　　康振黄一共有五个子女，他对子女疼爱有加，不仅关心他们的生活，更注重对他们思想上的引导与教育，以自己的言传身教、良好家风，养育子女健康成长。

　　康振黄的小儿子康晓光说："做错了事，他首先要让我们自己想一想，启发我们考虑做的事情对不对，应不应该这样做。如果是做得不对，又应该怎么样来改正。他就是启发式地给我们提出一些问题让我们思考，从而自己意识到这个问题该怎么解决，这件事情应该怎样来做。"[①]

和 谐 家 庭

　　康振黄是一个家庭观念很重的人，在工作中他是一位勤奋、努力、负责任的教师、学者、领导；在家里，却是一位和蔼、亲切、温馨的父亲、爷爷，他把这两种角色分得很清楚。他让子女们感到家的温暖和来自亲人

---

① 康晓光访谈，2011年11月5日，成都，资料存于采集工程数据库。

的关爱。康振黄曾写过：

> 家是冬天的太阳，夏天的风，清晨的露珠，夜里的灯。

家在康振黄的心里有很重要的地位，子女们非常敬佩他、尊重他。他的勤奋努力，酷爱学习，不断追求进步、新知的品格，给子女树立了无声的榜样，他的子女像他一样热爱读书，各有专攻，均成为国家的有用之才。

图10-1 康振黄的五名子女（1960年，家属提供）

长子宇光是高级会计师，次子超光是教授，三女永光、四子曙光都是副编审，五子晓光是工程师。孙女康曼从小喜爱音乐，在康振黄的影响下，转而对生物力学产生兴趣，留学美国哥伦比亚大学攻读生物力学博士学位，追随康振黄研究生物力学。

在康振黄九十岁的时候，四川省科协编印了大型画册《公仆本色、学人风貌》，他的儿孙们纷纷撰文，从不同的方面谈到对父亲、爷爷的理解和认识。长子宇光说："在我很小的时候，奶奶经常讲到父亲的往事。父亲从年少时就聪慧过人，极富爱心，名扬乡里。青年求学时期，正适抗战，在日本飞机狂轰滥炸的重庆，克服重重困难，完成学业，并不断锤炼自己的报国之心。"

次子超光说："吾敬重吾父，不在于生命之给予，更非钱财之施赐，而在于精神价值耳濡目染、为人处世之身教。吾父孜孜笃学，广才明识、勤勉从事、正直从公、谦恭待人、谆谆教子之秉性与投足，给吾辈格物致知以深刻之印记、修身齐家以效仿之楷模。吾以有良师之父为叹、为喜、为荣！"

三女永光说："多年来我一直跟随爸爸，他随和、宽容、豁达。其实爸爸也有自己的内心世界，也有喜和悲，有闲情逸致之时，也有郁郁寡欢之

图 10-2　康振黄（前排左三）与家人（2010 年，家属提供）

刻。自从妈妈走后，爸爸感到孤独，家里少了说话的人，显得过于安静。爸爸常常用看书来打发时间，我看在眼里，急在心里，要尽快让爸爸摆脱过去的阴影。……我们经常和爸爸探讨国事、家事，爸爸看的书多，经常给我们讲授新知识。爸爸在八十八岁高龄还翻译出版一本书。读书是爸爸生活的一部分，他的读书笔记已是几大本了。爸爸一辈子淡泊明志，我们从他那里学会了怎样做人。还有什么比父母心中蕴藏着的情感更为神圣的呢？父母的心是最仁慈的法官，是最贴心的朋友，是爱的太阳，他的光焰照耀、温暖着凝聚在我们心灵深处的意向。"

四子曙光说："父亲是家之骄傲，风华正茂时已经是四川大学工学院的奠基人，古稀之年仍然是中国生物医学工程的开拓者。一介布衣，言有物，行有格，渊博宽厚，淡泊名利。寒风雪雨，达观苦守；曾经成就显著，如玉静心；苦乐年华，终不丢良知。超六十载从教，播撒智慧；近三十年行政，收获尊重。智者乐，仁者寿，长者随心所欲。"

五子晓光说："从我记事开始的时候，家给我的印象就是爸爸的那间书房。那是一个明亮的房间。窗外长着一棵我们亲手栽种的树苗,新枝绿叶,充满生气。书房的墙边,整齐地安放着一排书架(那时没有书柜),一个紧挨着一个。书架的每一层,摆放着各种各样的书,有《资本论》《国家与革命》等政治类的;有《流体力学》《材料力学》等业务类的;有中文的、外文的;有精装本的、平装本的;有厚的,也有薄的……那时候,我们家住在学校里,每次进城,爸爸都要带我去一家外文书店,穿过窄窄的巷子,走过青青的石板路,进到书店的库房,在那高高的书架上,仔细寻找需要的书,一看就是好长好长的时间。随着时间的推移,家里的书越来越多,书架上放满了,书桌上摆满了,连书架前面的地板上也堆满了,书还在不断增加……书的种类也越来越多,除了原有那些类别的书以外,又新增加了语言文学、历史地理、人物传记……书成了我们家增长最快的财富。从那时起,在我的心目中,家的组成离不开书。这,就是我的家———一个酷似图书馆的家。这,就是我的爸爸,一位酷爱读书的爸爸。"

孙女康曼说:"爷爷对我影响巨大。一般家庭里,孩子都是跟父母比较亲,但我跟爷爷极其深厚的感情,就是特殊的那一个。与其把爷爷看成一个事业成功的领导,我更愿意把他看成一个终身学习的人。爷爷对我最大的影响之一,是对学习和书的热爱,还有对兴趣的发掘和培养。在跟爷爷一起生活的十八年中,书和自然科学这两样东西,始终贯穿我的生活。经过了这么多年,我逐渐意识到,读书对一个人各方面的境界和思维的提升,是多么的必要和重要;也意识到,爷爷在多年前对我的引导,充满了深刻的寓意和预见性。而通过这些书里面的知识和智慧,我渐渐发现自己的兴趣所在,那便是对自然和科学的热爱。童年时候

图 10-3 康振黄(第二排左三)与子孙们一起
(1990 年,家属提供)

第十章 家庭生活

的梦想才是内心最真实的愿望，并且是值得一直坚持和追求的。我这么相信，并且尽努力地这样做下去。我非常庆幸在这个精神成长的道路上有爷爷的引导，让我看到自己想要的东西。爱好的发现往往是很漫长而艰难的过程，而爷爷的帮助无疑是一笔巨大的财富，无论工作多么忙，家庭在爷爷心目中永远都是第一的位置。爷爷说：家是一个人的港湾。爷爷写道：家是冬天的太阳，夏天的风，清晨的露珠，夜里的灯。爷爷对家人的关心和照顾，深入到每一个生活的细节，尤其是对我。还记得我生病的夜晚，爷爷结束省政府繁忙的工作后，整夜陪在我床边；在我发烧的时候，爷爷带着我跑遍全市的医院，寻找最好的医生；每次拿了好成绩，爷爷一定会说不要骄傲；遇到挫折的时候，爷爷都会用最理性的方法帮我分析解决。爷爷尽他的最大努力，来照顾和规划我生活和心情的每一个细节。爷爷的关心方式是体贴的，是细腻的，让人感到是真心地在为别人考虑的。更重要的是，爷爷让我明白，关心别人和替人着想，是必需的，是解决问题的根源。

"作为爷爷最亲的孙女，我很庆幸，也很感激。我庆幸的是，我有这么一个精神上的引导者和生活上的照顾者。我感谢的是，爷爷不仅教会了我知识，更教给了我工具和方式。做人重于做事。爷爷对我的言传身教，更多的是体现在做人的基准上。……亲情不会激情澎湃，爷爷给我的这种爱，就像一个柔软而温暖的基垫，给了我各方面发展的根基和空间。"

康振黄的孙女康曼，原来是学音乐专业，在音乐学院附中，钢琴达到了专业级别，因为与康振黄来往的大都是生物力学的专业人士，耳濡目染，渐渐地她的兴趣也发生了转变。在出国留学选择专业时，她觉得跟着爷爷学科学更有意义，便把音乐作为一种个人业余爱好。她靠着坚强的毅力，快速补上数理化知识，

图 10-4　天伦之乐（1995年，家属提供）

跨越了科学与艺术的鸿沟，考取美国哥伦比亚大学的生物力学专业。

孙子康龙说："祖父是慈祥和蔼的老人，祖父的学识、修养、阅历合成了他独特的人格魅力、儒雅的风度、宁静的气质，感染着身边的每一个人。"[1]

康振黄的次子，成都市委党校原副校长康超光，则从另一个角度介绍了对父亲的印象：

父亲对我的影响，除了言教以外，最重要的是身教，处事、为人，对工作的态度，对我们子女的影响和教育都很大。

"我从小是奶奶带大，奶奶去世的时候已经上中学了，住校。'文化大革命'当中混乱的时候，上山下乡，跟父亲待在一起的时间不多，不是完全的了解。感觉印象深刻的主要有几点：一是在政治方面一直在追求进步，对党、对国家非常地忠诚和向往。在改革开放以前，在'文化大革命'中和五七年反右运动中，都受到了冲击，但他从来没有表现过对党和国家的悲观、失望、抱怨。改革开放以后，给他落实了政策，他非常感谢党中央的好政策、四川省委的信任。在落实政策以后，他作了成都科技大学的校领导，他非常珍惜这个工作的机会，努力地做好工作。后来由于党组织的信任，到政府和人大工作，他非常重视和珍惜这样的机会，在政治上有感恩的心，决心好好工作来回报党的信任和重托。他原来是民盟的成员，但是一直要求加入中共党的组织，他跟我说过多次，要跟着共产党走中国才有希望，但是因为种种原因，耽误了一段时间，没有批准。后来到政府工作以后，他多次要求，终于批准了他的入党申请。他非常激动，非常珍惜党给他的这份信任和机会。

"到省政府工作以后，还记得印象很深刻的是，他第一次出国到美国访问，非常注意维护中国的形象，在会议期间，向国外专家学者介绍中国改革开放的成就、发展的前景。回国以后，多次安排向成都科大的学生和教职工作访美的报告，谈自己的体会，客观讲述存在的差距，表示怎么努力赶上发达国家，讲的都是鼓劲的话，怎么使民族、国家发展。他去国外

---

[1] 四川省科学技术协会：《公仆本色、学人风貌：贺康振黄教授九十寿辰》，2009年，第212-214页。

参加国际生物力学的大会，当时正是换届的时期，他想到一定要争取大陆有人进去，他向中央和省委汇报，要求大陆的学者要进入，否则台湾就要去了，说这个非常重要。他政治意识很强，决心跟党走，只要是党组织安排的，他都认真去做，踏踏实实地践行。在和他接触中，从来没有流露过对党的灰心、失望以及对国家不抱希望这样一些消极的想法。他的教育和行为都给我们留下了这样的印象。

"他的五个子女中，没有一个经商、跑到国外去的。他对我们要求很严格，经常鼓励我们多研究、多学习。我们几兄妹，有的在企业，有的在出版社，有的在教育系统工作，他希望我们努力工作。记得在我十六七岁左右的时候，他还写了一首诗鼓励我努力学习，以后对国家做贡献。

"在学术方面，父亲平时没有其他的爱好和追求，或欲望，有时间就是学习、看书，我们有时间的时候陪他，就是去书店看书、买书，有时候也到公园去逛一逛，他就是在那里喝茶、看书，我们也是陪着他喝茶、看书，慢慢地我们也养成了这样的习惯。他的书看得很多，但他却觉得自己还很不够。读书的时候，圈圈点点很多。他看书，除了专业书，紧跟科技、专业的发展以外，也很关心人文、社会科学方面的知识，关注国外有什么新的进展。他买了托夫勒的《大趋势》一书，还跟我讲，然后又把书给了我，让我好好看，说我们现在还是有差距。他八十多岁的时候还想把国外一些好的观点介绍给大家。他的好学、看书学习的习惯给我们影响很大，我们也没有其他爱好、追求，有空就是看书，有一种本能的恐慌感，总是觉得不够。

"另外就是，他为人处世非常注意，经常跟我们讲，一定要自己搞清楚，要清醒地看到，他能到政府、人大去工作，能担任这样的职务，不是他有多大的能力、多么高明、多大的功劳，这是国家改革开放的结果，是党对他的信任。你们要把自己的位置搞清楚，不要把自己当成干部子弟。

"父亲在处事方面最大的特点，就是团结同志，为人谦和，处处替他人着想。据单位给他开车的司机讲，父亲非常替他们着想，每次用车都要问耽不耽误他们，影不影响他们休息。有一阵买股票很厉害的时候，机关买原始股很盛行,他给我们打招呼,不要去买这些,要做一个正直的人、有道德的人,要很好地把握自己。所以,我们子女在为人处世方面也很注意,他对我们的影响非常大。我在单位也是非常注意,这是环境、家庭熏陶的结果,我们自身的成长、发展,跟他有很大的关系。我们考虑的就是他怎么做的,我们就怎么做。父亲对我们的正面影响很多,他也不是讲很多大道理,更多的是用行为、工作态度影响我们。虽然小的时候跟他在一起的时候不多,但多少都是有影响的。我很感谢他,在他九十岁生日的时候,我写过一篇文章,登在画册里,对他感受很深,是有感而发。"①

重做事　淡名利

　　康振黄做事踏实,勤勤恳恳,而对名利则十分淡然。不仅自己如此,他对子女、对秘书都是如此要求。不管是在学校教书、搞科研,在基层做技术工作还是当领导期间,康振黄在工作中一贯踏踏实实,力求做到最好。他的小儿子康晓光回忆了父亲在"文化大革命"中,在工厂做技术工作时的情形:"在成都机车厂试制内燃机机车调速器那段时间,他每天骑自行车几个小时,往返于学校和机车厂之间,衣服常常被汗水湿透。经过他精心设计,成功地将研制出的调速器应用在内燃机机车上,解决了内燃机机车的调速问题。在成都科学仪器厂,他提出了精密天平空气阻尼器的设计理论和计算公式,根据这个公式,解决了天平摇摆不定的问题。那时,成都印染厂烧毛机火口的温度一直掌握不好,经常造成次品和废品,爸爸根据燃烧空气动力学原理,设计出特殊喷头,改进了生产,杜绝了造成次品和废品的现象。由此获得了国家发明奖。"②

　　康振黄在工作中,重落实,不空谈,没有官僚的那一套作风,对反映的问题,都要求秘书、下属及有关部门跟踪了解,直到问题彻底解决为

---

① 康超光访谈,2016 年 11 月 11 日,成都,资料存于采集工程数据库。
② 康晓光访谈,2016 年 11 月 5 日,成都,资料存于采集工程数据库。

图 10-5 康振黄（前排左三）与家人一起（2010 年，家属提供）

止。他的子女说，在省政府、人大工作，刚去的时候也不是很熟悉，但他注意认真学习、了解，下去视察、考察，尽快成为行家里手。父亲担任什么工作，就努力学习这方面的知识，不懂就问，从不认为自己有多了不起，非常注意学习。踏实工作，交给他的工作，都认真学习，能比较快地进入角色。在人大工作的时候，他就注意法律知识方面的学习，仔细地去看、去学习。包括以前制定的法律，都要认真地去看，去学习。父亲就是对工作重视，注意学习，有责任心，他把搞科研的思维用到行政领导工作里面，到现在晚上做梦，都在梦到工作、开会、发言、讨论问题。对他印象很深的，就是跟党走，考虑国家的前途，认真学习。

无论是在学校教书，还是在省里当领导，康振黄都一身正气，两袖清风。他曾经对人说，消极的东西不要去染，心里才不会有太多的负疚。康振黄是这样说的,也是这样做的。他对身边的人,子女、秘书都有严格的要求。他的子女们都是做着很平凡的技术、业务工作,只有次子康超光曾任成都市委党校副校长,但那是他凭自己的真才实学,在马克思主义理论研究方面有很高的造诣,直到退休以后多年,省、市委仍然聘请他为省、市的意识形态把关。

在对外交流活动中,康振黄一贯节俭,从不乱花一分钱。回国后总是还要剩余不少钱,他把剩余的钱都退回财务部门,连财务部门的人都感到很吃惊,剩这么多钱,难道一分钱都没有花吗?他们不知道,康振黄在国外吃住都是最简单的,没有额外的消费。连会议给的小费,都是拿来给单位买专业、学术方面的书籍,从不曾给自己买一点私人物品。

同事袁支润说:"有次他(康振黄)到香港去开会,会完了他就回到招待所,一步不出去。康老出国回来到财务报账,我经手了两次,结余的我们都给了学校财务处,全部按照国家规定来。有一次他出去讲学,挣的钱也交给了学校财务处,他觉得出去用国家的钱,有收入也要还给学校。之后康老出去开理事会的时候,学校就很快给他办。是我负责去交的这个钱。(他)在外面不多停留,活动结束开完会就走。"[1]

康振黄的儿子康晓光回忆说:"省政府工作期间,有一次有人送来一只团鱼,爸爸知道后,立即让秘书退回去了。某出版社要出一套教材,送来润笔费,爸爸也退还回去。爸爸就是这样一位身居领导岗位、从不谋私利的人,他始终把党和人民群众的利益放在首位,对自己从事的工作认真负责。爸爸始终认为,无论是学校的教育工作,还是省政府、省人大的教科文卫体的行政管理、监督立法工作,其焦点和最终意义,都是培养和提高国民素质,是关系祖国强大和人民幸福的根本,是一切发展的依据和千秋万代的底线。在学校和省里的工作,几十年都为此而努力,兢兢业业,一丝不苟。踏踏实实做事、诚诚实实做人,这就是爸爸给我的影响,留给我们的传家宝。"[2]

省科协副主席曾祥炜说:"康振黄在担任省级领导期间,原则上不参加

---

[1] 袁支润访谈,2015年6月11日,成都,资料存于采集工程数据库。
[2] 康晓光访谈,2016年11月5日,成都,资料存于采集工程数据库。

宴请，不吃饭，能回家吃尽量回家，粗茶淡饭。不讲派头，不讲排场，每天早上到川大校园去散步，一是锻炼身体，二是喜欢听到学生朗朗的读书声。我到今天还在搞科研，就是学习康主席，我们之间产生了强烈的共鸣。充满了正能量，能给予身边的人鼓舞。"

康振黄的研究生樊瑜波说："康先生不像有的领导干部，是非常有原则的，他任省人大常委会副主任时，从来不让我们掺和他的工作，我们也从来没有利用过他的资源来谋取个人利益。"[1]

他的同事都主动地把他当作老师，思想上受到他的熏陶，虚心向他学习，而不是上下级的领导关系。甚至他的生活习惯也影响了他的同事。

追 求 进 步

康振黄在政治上以及在工作中，都是积极上进，尽力做到最好。从二十世纪五十年代开始，他一直是成都市的人民代表。在改革开放以后，他在教学和科研工作中，多次获得各级的优秀奖励。

早在 1960 年 12 月 30 日，康振黄就向中共党组织递交了入党申请书。他在申请书中写道：

> 往者已矣，来者可追，在为党的事业而奋斗中，我重新估价自己生命的意义，重新确定自己人生的价值，重新开拓新的生活。[2]

但是，在"极左"当道的年代，像他这样一门心思教书、做学问，家庭出身不是"根红苗正"，在 1957 年反右斗争中又"躺着中枪"的"内定右派"，是没有机会入党的。1957 年，在成都工学院发动党外群众向党提意见的过程中，针对有的党员领导干部缺乏专业知识，不能有效地领导

---

[1] 樊瑜波访谈，2016 年 11 月 6 日，北京，资料存于采集工程数据库。
[2] 高辅平：不懈地追求无私地奉献：记著名力学家康振黄，《四川统一战线》，1997（5）。

图 10-6　康振黄（左二）被批准为中共预备党员后与支部同志留影
（1985 年，徐文江提供）

学校的业务工作，有群众提出来应该由康振黄当院长，说他 1954 年就当院长，既有专业知识又有领导能力。但康振黄自己从来都没有说过类似的话，可是最后做结论时仍然给他定了一个"内定右派"。

尽管党组织没有批准他的入党申请，但他没有气馁，把加入共产党组织作为自己一生的追求，自觉地、一以贯之地以共产党员的标准严格要求自己，绝不落后。改革开放以后，他终于实现了自己的政治夙愿。1985 年，在国家政治形势发生根本性的转变的形势下，他成为一名中国共产党党员。11 月 9 日，他被省政府机关所在党支部讨论通过，接收为中共预备党员，介绍人为当时的蒋民宽省长、顾金池副省长。入党宣誓在省展览馆举行。他所在支部的同事们见证了这一庄严的时刻。1986 年 1 月 10 日，中共四川省委组织部正式批准康振黄为中共预备党员，一年后转为正式党员。

酷爱读书

一般来说，大凡专家、学者都是酷爱读书，而且读过很多书的，因为只有积累了前人的知识，站在大师的肩上，才能使自己站得更高，走得更远。康振黄也不例外，不仅酷爱读书，甚至达到不可一日无书的境界，而且还对读书有很多心得，阐述得很有深度和逻辑性。

书籍一直伴随着康振黄的足迹，他曾经说过：

> 我比较喜欢读书。为什么？似乎很难一语道尽，而且不一定能用文字表达完全。求学和工作期间，自然，读书之用比较明确，读的领域也比较确定。不过，也还有读非所用的时候。退休以后，才真正开拓了读书的眼界、胸怀和思路。真是"广阔天地，大有作为"。不可一日无书已成习惯，不可或缺，自己也有点莫名其妙。
>
> 不过，似乎可以这样说：书是世界，而世界是迄今还不能离开的，所以书也不能离开；书是思想的结晶，我不能一日无思，故不能一日无书，读书是思想的呼吸，要呼吸就要读书；书是营养，书是慰藉，也是红绿灯、路标。"秀才不出门，遍知天下事"，秀才不出门，也有气候感。择其善者而从之，其不善者而改之，也是书之一大用处。这些都还难尽读书之道。总之，人不可一日无书。但是，同样重要的是人还是人、书还是书，可以做读书人、嗜书人，但不是唯书是听的人。书是人的帮手，书不是人的替身。毕竟，人还是"万物之灵"，而不只是"书之灵"。世界、宇宙还大得很，比书更多的事物还多得很，一言难尽，莫测高深。[①]

康振黄学识渊博，业余时间就是读书。他还爱作诗，国学功底深厚。

[①] 四川省科学技术协会：《公仆本色、学人风貌：贺康振黄教授九十寿辰》，2009年，第212–214页。

空余时间练习书法，书法也很好，业余所从事的是高雅的活动。他曾说，1998年他读了八百万字的书，到北京出差，空余时间走的地方是书店，他爱去王府井书店；在成都，是西南书城。他见多识广，在各个场所的发言都非常精辟。他才思敏捷，到了八九十岁还谈吐自如，敏捷中有幽默，让人不时开怀大笑。

他曾谈到自己对于读书的体会：

> 人的思想发展好像并不总是连续的、线性的、按部就班的。有时是跳跃式的、偶发的、断断续续的，甚至是突如其来的。
>
> 读书能促进思想活跃，能激荡思考。读书不但是"输入"，而且有"输出"，关键在于判断。读书少，见识面窄，固然难以正确判断。读书多，立论迥异，都似有理，判断也难。
>
> 有句老话，叫作"立定脚跟竖起脊，拓开眼界放平心"，似乎对此有些帮助。

他还论述了读者与书的关系：

> 是读者找书来读，还是书找读者来读？说不清楚。一般情况下，当然是人找书来读。但是，多读书，就会发现好像"一花引来万花开"，一书一文引来更多想读的书。书与书之间好像有一条无形的纽带，这条纽带会引出像是毛遂自荐的更多书来，把你拴住，直至找上门来。

图10-7　康振黄在古读书台留影（1998年，家属提供）

这就变成书找人了。

不论是人找书，还是书找人，都是一种乐趣。[①]

康振黄读书涉猎广泛，古今中外，均在所读之列。他曾对外文书店称赞不已："我十分赞赏外文书店，这是一扇空气流通的窗户。"正是因为阅读了大量的外国图书，他对国际最新的科技发展才胸中有数，了如指掌，才使他始终处于所涉学科的前沿。

由读书谈到当前出书的质量问题，他说：

> 有些书虽然较薄，重量也不太大，但读起来，你会觉得有一种"厚重感"，觉得"言之有物"，甚至其中的寥寥数语都是沉甸甸的。
>
> 也有一些书，块头相当大，甚至配以名家推荐的"介绍"和自许的种种诺言等。动辄数十万字，读了以后，却觉得有似轻飘飘的、空荡荡的，没有什么分量，读毕不免觉得怅然若失。
>
> 这也难怪，事物总是有差异的，擅自抉择罢了。

康振黄还由读书联想到当前的学风问题，读来入木三分，切中时弊：

> 有书议论当下说，近十年，被课题、期刊、评奖、学位、酬金等等牵着鼻子走的学界渐渐浮出水面，与之相伴随的是学人的矮化和在矮化中节节支离、节节破碎的学风。……今时所难不在烽火连天的命悬一线，也不在艰难时世的冻馁

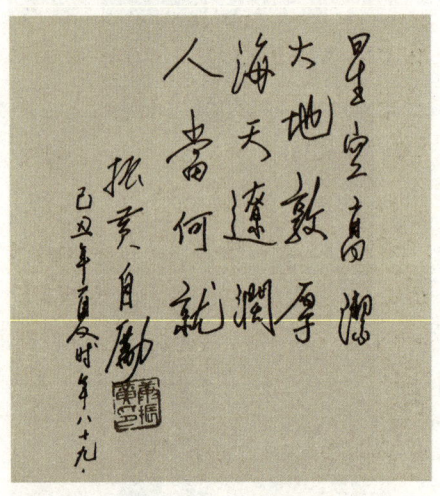

图10-8　康振黄题词（2009年，家属提供）

---

① 四川省科学技术协会：《公仆本色、学人风貌：贺康振黄教授九十寿辰》。2009年，第212-214页。

之忧，而在于种种"随风潜入"般诱惑下的坚持和自守。也有人指出，对"外在世界"的征服，是不能取代"内在世界"的充实的。

外国亦然，有人指出，"名牌学者出现在哈佛园者越来越稀疏，而大都变成了拿着手提箱穿梭空中的飞教授了。"

也有这样的感叹："在举世中风狂走，看无数大学随'学术市场'一涨一落而无所执守的情形，剑桥的那份孤傲与镇定也真有几分动人处！"如此种种，诚然值得深思[1]。

读书有没有年龄的限制？康振黄谈到了读书与年龄的关系，他说：

儿时学过一首诗，至今不忘："三更灯火五更鸡，正是男儿立志时。黑发不知勤学早，白头翻悔读书迟。"

老来仍对这首诗念念不忘，喜常咀嚼，并多了一些老眼昏花时的自励："三更灯火五更鸡，仍是老翁励志时。黑发未忘勤学早，白头仍恐读书迟。"

由此我们清楚地看到康振黄的学识、能力、胸怀、人品，正是由于他一直坚持勤学苦思而来。康晓光回忆说：

爸爸不能一日无书，每天都要读书，而且那个时候全都是自己买书。我们当时是住在成都工学院，在郊外。每一次进城他都要去书店。他去我就跟着一起去，我记得当时新华书店还是外文书店有个内部书籍，一般的读者不能进去，要凭工作证才能进去。我有很深的印象，每次进城都要去书店，而每一次去了书店以后都有新书买回来。每次他要到很高的书架上去看，一层一层地挨着看，一看就是时间非常长，因为我那时候还小，我就有点觉得那个时间太长了，但是他就一直在里面仔细找。基本上每次都要买书回去，所以家里的书增长非

---

[1] 四川省科学技术协会编：《公仆本色、学人风貌：贺康振黄教授九十寿辰》。2009年，第202-203页。

常快。那个时候没有书柜，全是书架，那个书房两面墙全部摆的书，都摆满了。后来书架摆不下，就摆在桌子上。桌子上能够使用的空间就不大了。最后是书架前面的地上都是堆的书，没有地方了。所以书是我们家增长最快的，比起任何东西来，书增长最快。而且爸爸每一次买了书以后，都要看很长时间。他还在很多地方卡一个纸条在里面，可能是觉得比较重要的地方，卡一个标志在那里，他的书里面很多地方卡了这些标志。①

次子康超光也谈到康振黄长期订《读书》杂志，扩大自己的知识面：

他的腿还好的时候，经常要到川大的荷花池转一转，看看那些读书的学生。然后就是到川大的书店去，说那里的书比较好，有新的。②

---

① 康晓光访谈，2011 年 11 月 5 日，成都，资料存于采集工程数据库。
② 康超光访谈，2016 年 11 月 11 日，成都，资料存于采集工程数据库。

结　语

在康振黄的人生历程中，既有过机遇，也曾遭遇厄运。他面对厄运，不退缩，不屈服，没有怨天尤人，而是把它当作对自己信念与意志的磨砺。他信念执着而又不乏方法上的灵活与变通，总是能凭借智慧另辟路径，在现实与可能之间找到一线生机，积累能量，等待机会。当机遇来临时，他紧紧把握住，厚积薄发，勇于突破，脱颖而出，达到事业的新的辉煌。他具有顽强的毅力和非凡的勇气，勤奋而努力，前进的步履迈得坚定而笃实。他的人生似乎都在不断地证实着那些古老的谚语：是金子总会发光的；机遇是留给那些有准备的人……

我们从采访中获取了大量的信息。所有的受访者，都对康振黄表达了由衷的钦佩与敬重。每一个受访者都表示很乐意来谈谈康振黄的事，认为有机会表达对康振黄在工作中对他们的帮助和影响的感谢，是一个难得的机会。认为有机会与康振黄共事，是他们人生的一大幸事，康振黄是他们的良师益友，获益匪浅。

综合搜集到的有关康振黄资料，我们认为，他之所以能够取得成功，主要具有这样一些品质素质与学术特点。

一是深厚的爱国情怀。综观康振黄的人生历程，强烈的爱国之心和报国之志是他成才的根本动力。康振黄在求学期间，曾经经历了中华民族历史上最重要的两个事件：1931年的"九一八事变"和1937年的"卢沟桥事变"。康振黄曾经说过，这两次事件使他认识到，个人的命运与祖国的命运是密切相连的，只有祖国强盛了，才谈得上个人的前途与幸福。从他报考大学选定航空工程专业到卖掉祖产出国深造，都是为了实现航空救国的理想。而在异国他乡，听闻中华人民共和国即将建立的消息而毫不犹豫地立即归国，投身社会主义建设事业，更是体现了他的爱国情怀。无论是在学校的领导岗位，还是教学工作，以及改革开放以后，以近六旬年纪攻克世界新的前沿学科，开拓生物力学在中国的研究和发展，到在省级领导岗位上兢兢业业、克勤克俭，无一不是为了实现他的祖国繁荣昌盛的目标。虽然道路曲折坎坷、困难重重，但是他以百折不挠的决心和勇气去面对，他相信祖国是他强大的后盾，为了祖国的美好明天，他愿意付出自己的一切而在所不惜。

二是追求新知，视野开阔。康振黄的博士研究生樊瑜波谈到他的导师时，使用得比较多的词是"视野开阔"。他说："康先生视野开阔，生物力学还处在宏观研究的时候，他就提倡要研究细胞，早早就推动成立邓尊贤的高科技公司（生物医学工程研究中心），很超前，虽然因为种种原因公司夭折了。现在看来动手迟了。我现在也搞细胞研究，跟康先生齐名的乐以伦教授（生物材料专家）的学生，也认为康先生的研究是太超前了。""他重视国际学术的合作与交流，不仅与冯元桢这些老一代的生物力学专家保持联系，还与冯元桢的下一代弟子们进行交流，如钱旭、毛昭宪。冯元桢手下的一批精英，康先生早就同他们建立了联系，请国际一流的生物力学专家访问成都科大。参加世界生物力学大会，跟踪世界生物力学动态，保持学术的先进性，直到高龄还保持这样的习惯。"[①]

在康振黄近百年的人生历程中，他一直都在不断地探求新知，追求世界上最新的东西，他对新的知识有一种天然的亲近和敏感，绝不徘徊保守、墨守成规。二十世纪五十年代，他所钟爱的航空专业没有了，转而教

---

① 樊瑜波访谈，2016年11月6日，北京，资料存于采集工程数据库。

授工程力学。但是，当1978年国门打开以后，他敏锐地察觉到世界新的科技革命的浪潮汹涌而来，他没有退缩，而是"站立船头唱大风"。那时他快六十岁了，在一般的人看来，本可以守几年老本行，然后安享晚年。但这不是他的性格，他决心不辜负时代馈赠给他的这个大好机遇，选择了一条前途难卜、充满挑战和艰辛的道路，选中了与自己专业相差很大的生物力学这个新兴交叉学科——一个全新的领域进行研究。虽说与他所学工程力学同属大类，但毕竟还要掌握很多新的知识，像生物学、医学等。对年轻人尚可，对他这个年纪的人来说，难度是相当大的。全凭着深厚的力学功底和顽强的拼搏精神，他获得了成功。

他曾经写道：

  文字和符号都是可贵的。
  把走过的路画下来，把发现的事记下来。
  有些可以作为路标，有些可以作为接力棒，
  着眼点是为了你、我和社会的进步。在于如实，在于求真。①

这是一个胸怀宽阔的大家风范者才有的气度和远见。

三是勤奋执着。康振黄的特点之一就是勤奋、执着。对自己钟爱的专业的执着，对事业的执着，因而勤奋耕耘，不达目的誓不罢休。康振黄爱一行钻一行，当年填报大学志愿时，他选定了航空工程。在大学期间就在老师的指导下做了深入的钻研。后来，为了继续深造，在家庭经济困难的情况下，不惜卖掉房产，赴美攻读航空工程硕士。1952年全国院系调整以后，他所在的四川大学已经没有了航空工程专业，他改教工程力学课。但在工作之余，他仍然翻译出版了三本国外最新出版的著名的关于火箭方面的书籍，供国内科技人员参考。"文化大革命"中下放到基层的日子里，在很多科技人员无所事事、虚度光阴的时候，康振黄没有消极混日子，一心想的是如何用自己的所学知识为国家、为企业服务。他利用自己流体力

---

① 四川省科学技术协会：《公仆本色、学人风貌：贺康振黄教授九十寿辰》。2009年，第212-214页。

学方面丰厚的知识，结合现场的具体问题，理论联系实际，解决了很多长期困扰企业产品质量的技术问题。而且举一反三，由此及彼，极大地提高了产品质量和劳动生产率。他的声名远播，不少单位来请他都欣然前往。他多次被评为全国、四川省、成都市的先进个人，获得多项学术奖励。

在康振黄的心瓣流体动力学研究成果出来以后，他一心想把这门付出了自己巨大心血创立的新兴学科系统化，把它付梓成书，但因工作太忙，一直未能完成。后来这本书是在他生病住进医院以后，在病房里完成的。他的儿子康晓光回忆说："爸爸在学校担任教学、科研和行政工作时，白天都很忙，只能利用晚上的时间备课、查资料、写讲义，一直到深夜。几乎每天晚上我们都已经入睡，书房的灯光还亮着，究竟什么时候关的我们都不知道。那时候家里条件很差，连电扇都没有，夏天在查资料时，汗水顺着胳膊往下流，为了避免打湿稿纸，他就在胳膊下面垫上一张毛巾汲汗，不断更换被汗水打湿的毛巾，还对我们说，只要做上事情，就不觉得热了。就是在这样的条件下完成备课、写讲义、写文章等工作。译著《火箭飞行的数学原理》，论文'烧毛机火口喷头设计''烧毛机火口的发展趋势''精密天平空气阻尼器的设计理论及计算公式''内燃机车调速器''涡流转速传感器的流场分析和设计研究'等，就是在那个时候、那样一种条件下熬夜完成的。很多时候，到吃饭的时间了，手中的工作没有结束，或没有告一段落，他是不会停止的。因此，家里的饭往往是热了冷，冷了又热，不知要反复多少次。以前用的是蜂窝煤，每个月限量供应，大的九十个，小的一百二十个，一块煤燃烧的时间有限，每天必须计划着用。为了把饭温在锅里，不至于冷，需要额外再添一块煤热饭，天天如此，势必影响一个月的用煤，即便是这样，爸爸还是不会在没有完成工作或没有告一段落前停下手中的工作。"[①]

有一次康振黄去广州开学术会议，由于火车票紧张，没有买到卧铺票，甚至连硬座票也没有。为了赶时间去开会，最后买的站票。他从成都一直站到广州，虽然腿肿了，但没有耽误开会。只要是为了工作，再大的

---

① 康晓光访谈，2016年11月5日，成都，资料存于采集工程数据库。

困难，他自己也要克服。

四是开拓进取精神。要从事一门新兴交叉学科的研究，需要克服很多困难。康振黄开始起步生物力学研究的时候，困难重重，要人没人，要钱没钱，要地方没地方，一切从零开始。新知识要现学，还要组织队伍、去找钱、找地方。面对这样的困境，不是一般人能坚持下来的。但他没有犹豫，以开拓进取的精神与魄力，毅然前行，绝不回头。稳步推进，一路过关斩将，经过几年艰苦拼搏，他和研究团队成功进入国际先进行列，使中国在国际生物力学界占有一席之地，使这个在世界上华人领衔的最新学科又增添一名中国人。从事这样一项艰巨的工作，没有志在必得、排除万难的雄心壮志，是万万不行的。正如中国力学学会理事长钱令希在中国力学学会第三届理事扩大会上的报告中所说："随着学术活动的逐年深入，吸引着不少有权威的专家、学者转而从事更新的研究课题，带头去开拓新的研究领域。如过去从事流体力学研究的康振黄教授和从事固体弹塑性研究的杨桂通教授，现在成为生物力学的带头人。"[1]

他的博士生樊瑜波则从另一个角度谈到康振黄在生物力学研究领域的艰难开拓："选择生物力学这种交叉学科学习研究，其实是很不划算的，投入的精力和智慧，按照世俗的眼光，是事倍功半。只看到交叉学科是新兴的，但研究很艰难，在划分专业的边界、资源的获取方面，跟传统学科简直没法比。康先生在五十年代翻译了一本航空手册，是从事航空工程研究的人要带在身边，随时翻阅的。而像研究生物力学这样的新学科，首先要进行专业拓展，然后才能说得上自己的发展。要让学术界了解、认可了这门学科，才能谈得上开展自己的研究，像康先生前期付出了大量的心血来介绍这门学科，得到行业认可，认识到在国民经济中的地位，然后才能再进行深入的研究。"[2]

五是淡泊名利。康振黄淡泊名利。在"文化大革命"中，康振黄在企业现场带头研制的新技术、新产品，出了很多的成果，报告上面都没有他的名字，要么是他们的单位，要么是"三结合研究小组"。但康振黄从来

---

[1] 钱令希：中国力学学会第二届理事会工作总结.《力学进展》，1987（1）：5。

[2] 樊瑜波访谈，2016年11月6日，北京，资料存于采集工程数据库。

都没有计较过，也没有因此而影响他的工作热情，有任务时，他从来都没有推辞过。而一旦接手，总是极其负责任地投入工作，反复测试、比较，直到完全放心为止。那时他五十多岁了，每天骑一个多小时的自行车到厂里工作。

对于大家非常看重的院士申报，康振黄表现得极为淡然。1991 年，身边的同事征询他的意见是否申报院士，他不同意申报，表示好事、荣誉方面的事情，都不要考虑他，尽量让给别人。那时他是省人大常委会副主任，他希望尽量让教学、科研第一线的学者去申报，担心别人会把他的领导因素考虑进去，造成不好的影响。同事袁支润谈到康振黄推辞申报院士的过程："申报院士的事情，东区（四川大学校本部）的一个领导说怎么没叫康老报呢？学校知道后就和康老联系，没联系上，我就去找康老，康老还推辞，我说这是学校的意见。之后我具体要做这个事的时候，康老一再说你不要这样做，不要忙这些了。"①

康振黄秉性正直、公允，光明磊落，先人后己，因而在国内、国际学术界赢得了广泛的尊重与爱戴。在二十世纪七十年代末，在国内，与他同一时期甚至比他稍早一些从事生物力学研究的人员，应该说是有一批。但是 1985 年国际生物力学界在讨论新成立的国际生物力学学术指导委员会的委员人选、谁能代表中国大陆出任该委员会的委员时，经过评估，他们一致认为只有康振黄能当此任，无论水平还是人品，他都是当之无愧的。

六是具有团队领袖气质。尊重他人、作风民主、谦恭随和、极具人格魅力，是康振黄重要的特点之一。这是要有极高内涵修养的人才能做到的。凡是跟他接触过的人无不感触到他的这种良好的品质。遇到挫折时泰然处之，不气馁，不卑不亢。而在事业顺利、取得成就时，不得意忘形、趾高气扬，头脑清醒，淡然面对。所以，跟他一起工作的同事都感觉受到尊重，能够实现自己的价值，心情很愉快，因而愿意和他一起工作。在生物力学研究刚起步的困难日子里，正因为这样的品质，他靠自己的人格魅力，联合、团结了来自不同专业背景、不同单位的专家、学者，合作共

---

① 袁支润访谈，2015 年 6 月 11 日，成都，资料存于采集工程数据库。

事，取得研究的成功。

康振黄采取自愿加入的办法，来去自由，很多不同专业的人主动、自愿跟他一起，聚集在他的麾下，包括外校——当时华西医学院的研究人员，他们一起搞起了紧密型的校际之间的合作。大家齐心协力，不计报酬，终于出了成果。他的同事们不是把他当作领导来尊重，而是把他当作严谨的学者、人生的导师、可敬的长者、有益的朋友来敬重，是发自内心的由衷的尊重。他的同事袁支润说："康老师从来不会武断地否决别人的看法，总是说让我们试一试，这是很有价值的研究。康老处理学术问题非常开明，我们工作舒心，我们要做哪个方向他不发表意见，让你自己做感兴趣的，我们合作融洽。这里没有奖金，生活上有些困难，只有过年过节能有点奖金。我们共同努力做横向的项目，工作起来加班加点是常事，在实验室做实验的不回家了，因为大家的努力，在八九十年代出的成果很多。我们和他一起工作，感觉非常愉快，觉得有奔头、有前途，从来没有想过中途退出来。"[①]

同时，康振黄学识渊博，中国传统文化的根底深厚，这使他在做人上秉承了中华民族的优秀品德，热心助人，大公无私，因而能和周围的人和睦与共，这是成就事业的基础。同时，良好的学识运用在管理工作中，使他能做到高屋建瓴、视野开阔、条理清晰，工作有条不紊。在做省级领导期间，他表现出卓越的领导才能，得到各方面的高度认可。在工作思路和方法上，注重宏观把控，他分管五六项工作，对所分管和兼职的部门，不是管得很具体，而是提出原则性意见，依靠个人的人格魅力，在他所分管的领域反映都很好，工作态势发展也很好。康振黄总是善于抓住时机，常规渠道走不通时，采取多方面的途径，有时需要"迂回包抄"，有时是"直通车"，就是找直接的负责人汇报，有时就能成功。

他主持的科技方面的会，总是要请省里的党政领导参加，主动寻求他们的理解和帮助。比如一些青年学术带头人的会，到场的省里党政领导在听了青年科技带头人的汇报，了解到他们在科研当中的困难，尤其是经费

[①] 袁支润访谈，2015年6月11日，成都，资料存于采集工程数据库。

缺乏，有的领导当场拍板给予经费支持。

康振黄对体委的领导谈，既要发扬拼搏精神，也要注重体育的科学研究。他把那作为一种使命，不遗余力地推进。

在对外交往中，康振黄英语流畅，表现出学识渊博、不卑不亢、举止得体、玉树临风，做到了中国专家对等的有礼貌、有尊严，平等交流。外事部门都非常乐意邀请他参与接待外宾。

康振黄能力很全面，虽学富五车但不是书呆子，虽然学工科搞研究，但对社会科学知识也了解很多。

康振黄的同事们评价，做省级领导时，他的年龄已经比较大了，但他不是尸位素餐混日子，而是真正地在为国家的繁荣昌盛、民族进步深入思考，身体力行，把精力倾注在科技进步、事业发展的上面，忧国忧民，充满一片拳拳爱国之心。

他的研究生则从这样的视角来看待导师的成功之道："康先生成功的因素，我认为大致有三方面的原因：一是德才兼备，有良好的传统文化的熏陶，他书法写得好，不光西学，中学的根底也很深厚。他待人和气，不疾不徐，不着急，做事有条不紊，大气、沉稳。他的英语特好，我跟他出国到加拿大，他每天离不开酸奶，我们去买，外国没有酸奶这个词，我们说的他们听不懂，还是最后问了康先生才弄清楚了。他的外语好到同声翻译都没有问题。各方面的学问都很扎实，没有缺漏。他乐于助人，乐意给别人讲授知识，所以人脉好。二是对教学、科研不偏废，学校请他给学生、给教师讲课，在开学典礼上讲，给学生留下了深刻的印象，影响到整个学院、整个专业。三是知识面很广，讲课生动，他把专业以外的东西都融进来，不只是讲心脏瓣膜，所以老老少少都能受到他的启发。"①

康振黄直到去世之前，仍在关心生物力学的研究进展，关心四川科教事业的发展。在他的同事和下属去看望他的时候，他总要亲切地询问他们的研究、工作近况，谈一些他的想法，表现出对他所钟爱一生的学术研究和工作的难舍之情。

---

① 樊瑜波访谈，2016年11月6日，北京，资料存于采集工程数据库。

在今天，我国的生物医学、生物力学研究，四川的科教管理工作，比之前康振黄的时代前进了许多，有了更大的成就，这当然是踏着前人的足印走过来的。在那个大放光彩的年代，康振黄的名字永远留在史册里。

2009年5月31日，四川省科学技术协会为纪念康振黄九十诞辰，编印了大型画册《公仆本色、学人风貌：贺康振黄教授九十寿辰》。时任省科协主席、四川大学校长谢和平院士为画册作序，高度评价其"执着追求，勇攀高峰，无私奉献，甘为人梯"的崇高精神，这也是他人生经历的真实写照。

附录一　康振黄年表

1920 年
6月1日，出生于山西省五台县东冶镇五级村。父亲康健男（原名康乾勋），曾去日本留学、学医，回国后在军队任军医，后自开诊所。母亲杜桂芳。小时候，父亲在外工作，康振黄跟随母亲在农村老家祖屋居住。康振黄在家中为兄长，还有一个亲妹妹。

1926 年
年中，全家从五级村迁居太原市。
9月，在山西太原第一师范学校附属小学学习。

1931 年
7月，山西省太原市第一师范学校附属小学毕业。
9月，就读于山西省太原市平民中学，开始初中学习。

1934 年
7月，太原平民中学初中毕业。免试升入平民中学高中学习。

1937 年

7月，太原平民中学高中毕业。

7月8日，原定乘火车去北京报考大学，因"卢沟桥事变"爆发，行程取消。

8月，考入山西工业专门学校，因抗战停学。"七七事变"后，举家逃难重庆。

1938 年

10月，流亡途中，投考国立中央大学（今南京大学）在湖北宜昌考点举行的招生考试，报考航空工程专业，获录取。

11月，入读已搬迁重庆的中央大学航空系。家人遂在重庆定居。

1941 年

在大学四年级的时候，在老师柏实义的指导下，开展飞机翼面的颤振的研究，研究怎么样用结构的改变来抵御飞机翼面的颤振，这为他毕业后继续进行飞机翼面的颤振的研究指出了方向，打下了基础。

1942 年

7月，从中央大学航空工程系毕业，获学士学位。

8月，任重庆中国滑翔总会中央滑翔机制造厂技术股任助理工程师、设计股长。后该厂停办。

1943 年

是年，与湖南籍同学、南开中学外语教师陈敏修结为夫妻。育有二子。陈敏修1948年因病去世。

1944 年

9月，回母校国立中央大学航空工程系担任著名的空气动力学专家、航空工程系系主任柏实义教授的助教。

1945 年

12 月，抗战胜利后，中央大学酝酿复员南京。

1946 年

5 月，留在重庆，未随中央大学返宁。

9 月，在军政部兵工专科学校任讲师，后该校复员返南京，未随往。

随后，分别在重庆大学机械系、中央工校机械科任讲师。

1947 年

7 月 7 日，针对当时飞机经常由于颤振而发生事故的情况，进行了飞机翼面飘动的研究，撰写完成第一篇论文"飞机翼面飘动之研究"。后在中国工程师年会上发表了这一成果。

12 月，考取美国纽约大学研究生院航空工程系。辞去重庆大学、中央工校两所学校教职，卖掉了在太原的一所老宅作路费，赴美国攻读硕士学位。

1948 年

7 月，论文"飞机翼面飘动之研究"被国民政府教育部学术研究审议委员会审准给予奖励，获颁国防科技研究奖，引起了航空界的重视。

9 月，留学美国期间，曾因经济拮据，向美国对外学生补助金委员会及中国银行申请助学金。

1949 年

1 月，从美国纽约大学研究生院航空工程专业毕业，取得硕士学位。

4 月，婉言谢绝了一些美国朋友的挽留，回到了祖国。

7 月，任重庆大学机械系副教授。

秋，经人介绍，与田美德女士结婚。育有两子一女。

1950 年

10 月，任职（重庆）西南工业专科学校教授兼航空工程科主任，讲授飞机结构、空气动力学、航空工程等课程。

1951 年

3 月，教育部在北京召开全国高校航空系会议，确定西南地区的云南大学航空系、西南工业专科学校航空科并入四川大学航空系。

1952 年

7 月，任职西南工业专科学校教务处副主任。

7—12 月，曾调到西南文教部高教处做院系调整工作。

9 月，接教育部通知，四川大学航空系师生连同主要仪器设备调至北京，与接纳了相应地区航空系科的清华大学航空学院、北京工业学院航空系共同组建新中国第一所专门的航空院校北京航空学院。其未随航空系前往北京，只身留在四川大学。参加中国民主同盟。介绍人为重庆大学副校长金锡如。

1953 年

5 月，四川大学校务委员会决定，其出任工学院院长，同时筹建工、农两院建院工作组。

8 月，到北京参加全国工学院院长会议，在高教部主持下，与参会的四川化工学院副院长郑方商讨两院合并为四川大学工学院的问题。

11 月 18 日，高教部正式通知，四川大学工学院于 1954 年暑期独立，并将四川化工学院并入。

1954 年

8 月 12 日，四川大学工学院独立建院，更名为"成都工学院"，其任成都工学院教务长。

12 月 31 日，高教部批准四川化工学院 1955 年由泸州迁至成都，与成都工学院合并，校名仍为"成都工学院"。合校后的成都工学院，设机械、电机、土木、水利、化工五系。

12月，当选四川省成都市人代会代表。

1955年

11月，任成都工学院与四川化工学院合并后新成立的成都工学院副教务长。

下半年，任成都工学院"科学研究委员会"主任。

1956年

6月，在北京参加中国力学学会，担任学会理事会理事。

1957年

是年，成都工学院创办数理力学系，设工程数学、工程物理、工程力学三个专业，招收五年制本科生，下设三个教研室：理论力学、材料力学和力学专业教研室。

1958年

5月，当选成都市第三届人代会代表。

11月，被任命为成都工学院院务委员会成员。

1959年

12月，翻译出版1947年由美国科学家 J. B. Rosser 等著的《火箭飞行的数学原理》一书（科学出版社），较早地向国内介绍国外兴起的火箭飞行技术，钱学森、宋健合著的《工程控制论》（科学出版社，1980年）第四章"控制系统分析"对此有引述。

1960年

7月，成都工学院设立"工程力学"专业。

9月,由科学出版社出版了译著《固体推进火箭的燃烧问题》。

12月30日,向中共党组织递交了入党申请书。

是年,成都工学院工程数学、工程物理专业停办,两专业学生转入工程力学专业。

1961年

7月,当选成都市第四届人代会代表。

11月,经过调整,成都工学院在六系设立"力学专业"。

12月,由科学出版社出版《火箭的外弹道学》著作。

1962年

9月,在新成立的院务委员会中任委员。

1963年

7月,当选成都市第五届人代会代表。

1964年

本年,成都工学院工程力学专业停办,理论力学教研室、材料力学教研室并入基础部力学教研室。

1966年

1月,当选成都市第六届人代会代表。

1969年

本年,被下放到成都科学仪器厂工作。

下半年,应邀住厂研究有关零部件材料、结构和性能等关系问题。通过运动规律分析、建立数学模型,并经试验研究,解决了影响天平摆动的关键性问题,满足了规范要求。

1974 年

与四川省水利局科学实验研究所、东风渠管理处、和其所在的成都工学院力学射流组教师组成"三结合"研究小组，研制自动感测水位装置——气测水位器。

是年，同研究小组通过研究设计出新型的灌溉喷头，全部不用任何机械构件，利用喷头自身构形和流体运动规律，完全可以实现控制喷头运转和喷水的大小、远近等要求，从而显著提高了农田灌溉的效益。

1975 年

与研究组一起，会同工人师傅，设计制成利用流体涡流作用的流体调速器，他们亲自设计、制造、安装，直至进行了装用这种调速器的机车空载和实载运行实验，结果证明这种新涡流调速器性能稳定，检修简易，是实际可行的，解决了原来调速器性能不稳定、不易检修的老大难问题。

1975 年，在成都工学院学报发表论文"自动感测水位装置——气测水位器"。

1977 年

是年，开展以传送信息为主的流体控制工程科学的研究和实际推广应用工作，组成在中国自动化学会检测元件委员会内的流体控制技术学组，进行推动工作。

成都工学院工程力学专业恢复招收四年制本科生。

12 月，在成都工学院学报发表学术论文"涡流转速传感器的流场分析与设计研究"。

1978 年

1 月，作为特邀代表出席成都市科学代表大会。其所在的力学教研室为先进集体出席。

7 月，为成都工学院学术委员会筹备组成员。院党委决定，成立工程力学研究室。

7月,在四川省科学大会上,其所在的力学教研组被评为先进集体。

10月23日,成都工学院更名为成都科学技术大学,由中国科学院和四川省双重领导。

1979 年

年初,与四川医学院(今四川大学华西医学院,曾用名华西医科大学)吴和光教授积极倡导、推动、组织,在成都科技大学和四川医学院成立了"生物医学工程联合研究委员会",实现了紧密型的理工医跨校、跨系、跨学科的生物医学工程联合研究,并开展了广泛的国际学术交流。很快促成了四川省生物医学工程学会的诞生。

2月,成都科技大学建立工程力学系。设工程力学专业,含流体力学、固体力学两个方向。担任首任工程力学系系主任。

8月,被聘为《固体力学》学报编辑委员会委员。

11月,美国国家科学顾问、伦塞勒多科性工学院生物力学实验室主任毛昭宪教授(现为美国科学院、医学科学院院士)率领美国第一个生物医学工程代表团来到中国,通过学术交流、访问,促进了北京、广州、成都等地生物医学工程的发展。

年底,美国得克萨斯州休斯顿大学生物工程系教授、美籍华人黄焕常来访,在动力学、心脏瓣膜的功能方面进行了交流。

1980 年

6月10—14日,在四川省力学学会第一届理事会第一次会议上,其被推举为四川力学学会理事长,会议确定了固体力学、流体力学、断裂力学、计算力学、实验力学等五个学科委员会,学会挂靠在成都科技大学,学会秘书处办公地点在成都科技大学工程力学系。

7月,在成都印染厂研制成功双喷射式(二维火焰)烧毛机火口,安装并投入生产使用后,在节约天然气和提高产品质量方面都取得了显著效果。后分别在石家庄解放军3502厂、陕西第二印染厂等单位,将"双喷射式火口"应用在汽油汽化气、水煤气、石油液化气,使该产品获得了全面的推广，为生产第一线直接带来收益。这项研究，后来荣获国家发明奖。

8月，应邀参加了美国戈登生物工程与矫形科学的学术讨论会，获得了有关生物医学工程的最新信息，萌发了应用近代工程科学和物理科学来解决医学和生物学问题的强烈愿望。

9月，首次招收流体力学硕士研究生，第一名为邓小燕。一年后转为生物力学专业。硕士论文 Investigation on electrochemical measurement of wall shear stresses in the flow field of cardiac valve prostheses。

本年，在《百科知识》上发表文章"现代力学在前进"。

本年，获得成都市1980年度先进工作者。

本年，当选民盟全国代表大会代表。同年当选四川省成都市政协委员会副主席。

1981年

3月26日，推动并主持的"四川省生物医学工程学会"在成都市召开成立大会。

3月31日，因其在"四化"建设中成绩显著，被评为成都市1980年度先进生产（工作）者。

11月，成都科学技术大学固体力学专业获教育部批准，列为全国首批硕士学位授权点，其获首批硕士研究生导师。

该年，教育部成立首批博士、硕士学位学科评议组，其为学科评议组成员。

是年，在其联系和组织下，以著名生物医学材料专家乐以伦教授为团长的"四川省人工心瓣考察团"访问美国，广泛地学习、吸收他人的先进经验。

1982年

3月，在四川省体育科学学会运动生物力学研究方法讨论会上发言"生物力学的性质、内容及其研究方法"，首次系统阐述生物力学的研究成果。

4月，教育部党组下达了中组部通知，任命其为成都科技大学副校长（仍兼工程力学系系主任）。

4月24日，被水利电力部聘为高等学校热动力类专业教材编审委员会委员。

9月，创办《大自然探索》杂志，任主编。

12月7日，中央组织部批准其为副省长候选人。

1983年

4月19日，在四川省第六届人民代表大会上被选举为四川省副省长，任职至1988年1月。

5月9—12日，参加中日美第一届生物力学国际学术讨论会（地点中国武汉）。特邀作"人工心脏瓣膜的流体力学的一些最近研究"的报告。报告了他的理论研究成果及其定常流、脉动流试验结果。这篇报告当即受到美国加州大学圣地亚哥分校教授，美国科学院、医学科学院院士，现代生物医学、生物力学创始人、美籍华人冯元桢、毛昭宪等外国顶级专家的好评。

8月31日，收到中国力学学会、中国生物医学工程学会联合通知，聘其为（首任）生物力学专业委员会主任委员。

9月18日，其在四川省科技工作者献计献策大会上讲话，提出要振兴四川经济，必须依靠科学技术的进步：一是发挥科技人员的积极性，二是给科技战线出题目，三是为科技工作创造条件，四是为科研成果的推广运用到生产中去开辟道路。

9月26日，被中共四川省委、省人民政府聘为四川省科学技术顾问团成员。

10月，作为大会组织委员会委员，出席在北京召开的"第二届亚洲流体力学会议"。他的研究生在会上宣读论文。

11月20—22日，参加血液灌流及人工器官国际学术讨论会（中国天津）。应邀在会议上宣读论文"人工心脏双叶翼型机械瓣膜设计理论研究",引起了很大反响。一些外国专家认为:"中国在这个领域虽起步较晚,但发展迅速,已接近国际水平。"

11月25日,出席在四川举办的"第四届全国运动生物力学学术会议",发表"重视生物力学的研究,促进生命科学的发展"的讲话。

11—12月,受美国休斯顿大学黄焕常教授邀请,率领"四川省人工心瓣考察团"赴美,考察了美国多所大学、研究基地、生产公司关于人工心瓣和心脏辅助装置的研究与生产。

12月30日,教育部党组下达通知,免去其成都科技大学副校长职务。

12月,国务院学位委员会第二批批准成都科技大学生物力学学科硕士学位授予权。其为硕士生导师。

是年,其参与的可节省天然气30%—50%、为成都印染厂用于纺织品印染工艺的纺织染整的气体烧毛机双喷射式火口,获国家发明三等奖。

是年,当选四川省科技顾问团主任。

是年当选四川省人民代表大会代表。

1983年参加中国生物医学工程学会,担任常务理事至1988年。

1984年

5月,赴山东济南参加"中国生物医学工程学会第一届会员代表大会",并宣读"天然心瓣的闭合机理与人工机械瓣膜设计"的论文。

7月5日,美国著名力学专家 W. M. Lai 教授就成都科技大学康振黄等学者翻译《连续介质力学引论》一书,为中译本撰写序言。

7月8日,美国报纸专题报道"中国生物医学工程专家访问 Vermont 大学"。

7月21—23日,赴美国加州大学圣地亚哥分校参加"国际应用力学和生物力学前沿问题讨论会",并作大会报告。

7月,民盟四川省委与民盟凉山州委共同创办凉山大学。

8月16日,收到美国医学研究院院士、生物力学开创者与奠基人、美国圣迭戈加州大学教授冯元桢的来信,商议中国参与召开第二次中日美国际生物力学联合学术会议事项。

9月10日，被中国力学学会聘为《固体力学》学报编委。

9月，和华西医学院吴和光教授一道，广泛联络四川省各大学、研究所，组织成立了四川省生物医学工程学会，创办了《生物医学工程学》杂志，为季刊。

11月29日，获得成都科技大学颁发的"三十年教（工）龄纪念证书"。

12月，和助手们经过研究，提出了一种关于天然心瓣闭合机理综合因素的新理论，与模拟实验结果十分相符，与之前国外专家的这方面的两种理论的有效区域对比也相当一致。在国际应用力学与生物力学前沿问题学术讨论会上，这一工作受到了国内外学者的重视。

12月，美国休斯顿大学黄焕常教授访问成都，参观了成都科技大学和华西医科大学的心瓣研究工作，与他和两校的研究人员进行了交流，认为在全国来讲，他们的研究工作处于领先地位。

是年，成都科技大学成立了由工程力学系、高分子材料、化学工程、电子电力、金属材料等系联合组建的跨系、跨学科的生物医学工程研究中心，其任研究中心主任。

1985年

1月5日，收到《中国医学百科全书》（生物医学工程分卷）编委会通知，承担该卷"生物力学"词条的编写任务。

1月10日，由其直接推动的四川省专利管理局（今四川省知识产权局）在成都挂牌成立。

1月20日，与陈君楷等作为项目总体负责人编制上报中国科学院科学基金资助课题"人工心瓣流体动力学"（84科基金准字453号）研究工作计划。

2月6日，在其推动下，四川省生物医学工程开发中心成立。

3月25日，其作为副省长赴自贡市视察筹建恐龙博物馆事宜。

4月5日，成都科技大学成立工程力学研究所，其被聘为研究所所长（任期三年）。

4月12日，成都科技大学工程力学系与高分子材料系同华西医科大学等六所高校和八个科研生产单位，联合建立四川生物医学工程研究开发中心。该中心主要依托发挥四川省生物医学工程知识密集的优势，加速科技成果转化，孵化科技企业，建立科、工、贸一体化的新型科技企业。

4月，被接收为欧洲生物力学学会会员。

4月，重庆医学院（今重庆医科大学）附属第二医院反映危房问题严重，其立即率人前去查看，然后让学校赶紧写报告。解决危房问题的报告送到了他那里，他立即批复，事属紧急，请卫生厅、高教局联合立即派人会同重庆市政府研究、解决。刚刚处理完以后危房就垮了。因为处理及时，学生作了安排，没有发生人员伤亡事故。

5月22日，在其推动下，四川省生物医学工程学会第二届会员代表大会在成都召开。

7月，参加国际人工器官与血液灌流会议（中国天津）。

8月，收到欧洲生物力学学会理事会来函，接纳为该会会员。

9月2—6日，赴日本东京参加"第一届国际流体控制与测量学术讨论会"，做特邀报告。

10月13—29日，经国家教委批准，由四川省副省长、中国生物力学专业委员会主任、成都科技大学力学研究所所长康振黄教授联系，应四川省科学技术委员会的邀请，以美国伦塞勒理工学院教授毛昭宪博士为团长的美国生物力学代表团一行对我国进行了学术交流及访问活动。代表团包括四名工程学教授，他们是毛昭宪博士、美国加州大学生物工程及外科教授胡流源博士、美国伦塞勒理工学院力学系教授赖伟博士、美国维蒙特大学矫形外科学教授鲍波博士及骨科医生等。

10月21—25日，赴山西太原出席"第二届全国生物力学学术会议"，作为会议主席团主席主持开幕大会，并作大会学术报告"发展中的心瓣流体动力学"。

10月，批示拨款十万元作为省专利局运转经费。四川省专利局是在其直接领导和推动下建立，是全国最早建立的省一级专利局之一。

11月9日，省级机关支部大会通过其入党申请，介绍人为蒋民宽省长、顾金池副省长。次年1月10日，中共四川省委组织部正式批准其为中共预备党员，入党时间从 1985 年 11 月 9 日算起。

12 月 27 日，成都科技大学科研处批复同意，医学工程研究中心康振黄、岳以伦"关于建立成都科技大学生物工程研究所的报告"。

12 月 28 日，视察新津县，研究筹建新津水上运动场事宜，勘察地址。

12 月，被遴选为中国生物医学工程学会第二届常务理事，并聘为《中国生物医学工程学报》副主编。

12 月，在中日美第二届生物力学国际会议上，任中国代表团团长和会议的中方主席。

12 月 30 日，内江市贾家中学关于改建危房、整修教室的请示报告送到省政府，他立即批示省教育厅转告内江市政府，对贾家中学危房情况务必调查清楚，并立即采取措施解决，并将处理意见报省政府。

12 月底，世界生物力学委员会主席冯元桢先生致函告知，其作为杰出的生物力学学者被遴选为 1990 年世界生物力学大会指导委员会委员。

1986 年

1 月 4 日，中国青年报发表该报记者董维采写的文章"带研究生的副省长"，介绍其在繁重的工作之余，仍然坚持带研究生，为全国副省长第一人的事迹。

4 月 12 日，四川省外事办公室纪检组编发简报，表扬其出国访问期间节约用汇的模范事迹。

4 月 26 日，冯元桢先生又一次致信，具体商议中国出席第二次中日美生物力学会议的人员。

7 月 5 日，其获得中共成都科技大学委员会颁发的"在为祖国统一和四化建设做贡献中被评为先进个人"的奖状。

7 月 17 日，致函凉山大学建校两周年纪念祝贺信，表达了对少数民族地区教育发展的期冀。

8 月 3 日，受聘中国力学学会第三届理事会理事。

8 月，中国力学学会第二届理事长钱令希在中国力学学会第三届理事扩大会上的报告中，谈到我国生物力学的发展历程时说："目前，一个以成都科技大学、重庆大学等为骨干的流体生物力学队伍已经形成。""随着学术活动的逐年深入，吸引着不少有权威的专家、学者转而从事更新的研究课题，带头去开拓新的研究领域。如过去从事流体力学研究的康振黄教授和从事固体弹塑性研究的杨桂通教授，现在成为生物力学的带头人。"

9月，应邀赴德国（西）柏林参加"第五届欧洲生物力学学会学术大会"，担任大会执行主席。受邀作"心血管系统的流体力学——心瓣流体动力学"的报告。首次提出心瓣流体动力学这个学科的构思和内容，受到了欧洲生物力学界的关注。

9月，当选四川省科学技术协会第三届委员会主席。

11月12日，赴米易县出席四川立体农业会议，并参观"微型科技展览"。

12月，国务院第三批批准成都科技大学生物力学学科获得博士学位授予权，其被批准为博士生导师，并开始招收博士研究生和国内访问学者。

1987年

1月5日，在北京举行的全国卫生工作会议上作"振兴卫生防病事业，为社会主义现代化建设服务"的发言。

1月，推动并主持制定颁布四川省《关于振兴四川卫生防病事业的决定》（讨论稿）。

2月10日，受聘四川省高等学校教师高级职务评审委员会主任委员。

3月，在《四川大学学报》发表"生物力学的发展在于走跨学科联合的道路"论文。

4月，率四川省生物技术代表团赴澳大利亚访问，考察该国生物力学技术的发展情况，任团长。

7月13—15日，赴上海复旦大学出席"第二届全国生物流体力学学术会议"，主持开幕大会，并作"心瓣血流动力学的几个挑战性问题"的大会特邀报告。

9月，招收生物力学第一名博士研究生雷明入读。招收生物医学工程专业硕士研究生樊瑜波等人入读，至1992年博士研究生毕业。

9月28日—10月2日，作为世界生物力学大会指导委员会委员和该次大会的联合主席，在日本大阪举行的中日美第二次生物力学国际学术讨论会上，其担任会议中方主席，并作"心脏瓣膜流体动力学的一些挑战性问题"的特邀报告。

11月23日，被国务院学位委员会遴选为国务院学位委员会委员。

11月，作为项目总体负责人，与陈君楷编制国家自然科学基金资助项目"人工心瓣流体动力学"年度进展情况报告。

12月12日，其指导的博士研究生雷明、硕士研究生邓小燕所撰写的论文分别被成都科技大学学位评定委员会评为1987年度优秀论文一等奖、三等奖。

12月，参加国际流体力学会议，担任组织委员会委员（中国北京）。

1988年

1月27日，在四川省第七届人民代表大会第一次会议上，当选为第七届全国人民代表大会代表。同时当选为四川省第七届人大常委会副主任。

5月21—25日，在四川乐山召开的中国科学技术期刊编辑学会第一届学术年会上作"依靠改革搞好期刊建设"发言。

8月6—12日，在美国得克萨斯州圣安东尼奥，出席首届世界生物医学工程与医学物理学大会。

10月17日，被选举为民盟第六届中央委员会副主席。

10月，主持讨论四川省科协改革的初步设想。

11月12日，参加四川省科协成立三十周年纪念会，并发表主题讲话。

11月13日，在四川省科协第三届三次全委会上作工作报告。

11月，作为项目总体负责人，与陈君楷等人编制"人工心瓣流体动力学"国家自然科学基金资助项目研究工作总结。

12月，被英国剑桥国际传略中心收入《远东及澳洲名人录》。

1989 年

3月1日，在"四川省科协第二次农村科普工作会议"上发表讲话。

5月9日，出席在成都召开的"国际生物材料学术会议"并致辞。

7月，被聘为四川省群众文化学会名誉会长。

9月13日，在"四川省1987、1988年度先进科研单位表彰大会"上发表讲话。

10月11日，出席在成都召开的"中外生物医学工程产品技术交流陈列会"，代表四川省生物医学工程学会致辞。

12月，陆续主编出版了中国首套大型《生物医学工程丛书》，共七卷，190万字。

1990 年

3月13日，在四川省科协第三届四次全委会上作题为"依靠科技进步，发挥科协优势，为促进我省经济发展贡献力量"的工作报告。

8月13日，在庆祝四川省生物医学工程学会成立十周年会上致辞。

8月30日，赴美国加州大学 San Diego 分校，出席于8月26日至31日举行的第一次世界生物力学大会，并宣读论文"The Study of Flow Fields and Movements of Heart Valves for Different Val-Salva Sinuses"，以及出席"大会指导委员会会议"。

11月，出席在北京举行的中国生物医学工程学会成立十周年庆祝活动和学术交流活动。

12月，赴珠海参加"第三届全国生物力学学术会议"。

12月，获得国家教委颁发的从事高校教育事业四十年荣誉证书。

1991 年

5月29日，"人工心瓣流体动力学"研究通过省级技术鉴定。

10月8日，在四川省科协第四次代表大会上作题为"科技工作者积极行动起来，为科技兴川建功立业"的工作报告。

10月，应波兰科学院邀请前往华沙讲授心瓣流体动力学课程。

11月，被批准为四川省生物力学重点学科学术带头人。

12月，国务院批准其为有突出贡献的专家，享受政府特殊津贴。

12月，赴美国佐治亚州亚特兰大，参加"第三届美日中生物力学学术会议"，担任中国代表团团长和会议中方主席。

12月，出版了关于心瓣流体动力学的第一部体系化专著《心瓣流体动力学》（四川教育出版社），在国内外首次提出了建立心瓣流体动力学的体系框架。

12月，被评为四川省人大机关优秀共产党员。

1992年

5月，博士研究生樊瑜波博士论文答辩通过，他是康振黄最优秀的研究生之一。

8月11—13日，赴北京参加"第八届国际生物流变学会议北京卫星会议"，并报告论文。

10月26日，在中国科协首届青年学术年会四川卫星会议上发表讲话。

12月22—28日，被选举为民盟第七届中央委员会副主席。

12月，赴波兰华沙参加"ICB生物力学—血液循环力学会议"，作大会报告。

12月，赴新加坡大学参加"第七届国际生物医学工程学术会议"，并宣读论文。

是年，成都科技大学生物力学学科被评为四川省首批省级重点学科。

1993年

2月，当选四川省人民代表大会第八届常委会副主任。

4月，在四川省科协第四届二次全委会上作工作报告。

4月，当选第八届全国人大常委会委员。

9月15—20日，作为会议组织委员会委员，出席在乌鲁木齐召开的"第四届全国生物力学学术会议"。

11月，四川大学和成都科学技术大学合并为四川联合大学，后又更名为四川大学。

1994 年

3月，获得四川省委、省政府颁发的"在任四川省科学技术顾问团第二届成员期间，为振兴四川经济做出了贡献"荣誉证书。

4月26日，在四川省科协第四届三次全委会上作题为"深化改革，加快发展，进一步增强科协凝聚力、影响力和实力"的工作报告。

8月23日，中共四川省委组织部通知，省委批准成立中国人民争取和平与裁军协会四川省分会，任命其为会长。

9月23日，受聘为国家教育委员会生物力学及生物流变学开放实验室学术委员会顾问。

9月27日，在四川省科协第四届六次常委会上发表讲话。

12月17日，在四川省地方科协工作暨第十七次农村科普工作会议上作题为"认清形势，明确任务，做好明年科协工作"的讲话。

12月，赴香港理工大学参加"国际生物与工程学术会议"。

1995 年

8月9日，在四川省科协贯彻落实中共中央、国务院关于加速科学技术进步的决定和贯彻科技大会精神，审议《关于贯彻关于加速科学技术进步的决定和全国科技大会精神的决议》，即第四届八次常委会上发表讲话。

12月14日，在四川省第十八次农村科普工作会上作题为"大力推进农村科普工作，为富民兴川奔小康做贡献"讲话。

是年，成都科技大学生物力学工程实验室被批准为四川省重点实验室。

1996 年

5月27—31日，作为中国科学技术协会第五次全国代表大会特邀代表出席科协大会。

6月20日，在四川省科技普及工作会议上作题为"发挥科技群团优势，为实施'科教兴川'作出新贡献"的讲话。

6月24日,在省科协四届十一次常委会上提出开好省科协第五次代表大会的重要条件和任务。

9月,在《四川统一战线》杂志撰文,"加强学习,搞好参政议政和组织建设"。

11月4日,在四川省科学技术协会第五次代表大会上作"团结登攀,求实创新,为实施科教兴川战略贡献力量"的工作报告。

11月6日,担任四川省科协名誉主席。

12月,被选为欧洲生物力学学会外籍会员。

12月,出席在成都举行的"第五届全国生物力学学术会议"。

1997年

9月1日,所参与的"跨学科、高层次生物力学专业人才培养模式的探索与实践"科研项目获得四川省教学成果二等奖。

10月1日,给四川省咨询业协会题词:"引智慧库甘泉,浇咨询业繁花"。

10月23日,担任民盟第八届中央委员会名誉副主席。

是年,被荣选为国际医学与生物工程联合会(International Federation on Medical and Biological Engineering,IFMBE)科学院的会士(fellow)。

1998年

5月26日,中共四川省委组织部通知,省委同意增补省关心下一代工作委员会领导成员,其任顾问。

6月27日,获得四川省政府授予的四川省学术和技术带头人称号。

8月,赴日本大阪大学出席"第三届世界生物力学大会"。

1999年

11月2日,退休。

2000 年

9 月，被美国纽约科学院遴选为院士。

2001 年

10 月，被美国传记研究会聘为会员。

2002 年

11 月，担任民盟第九届中央委员会名誉副主席，至 2007 年。

2003 年

11 月，在《医学研究生学报》杂志上发表"主动脉瓣狭窄下游流场均匀性研究"论文。

2004 年

2004 年 7 月 12 日，参与会见世界著名生物医学工程和生物力学专家、美国工程院院士、哥伦比亚大学生物医学工程系主任毛昭宪教授一行访问四川大学。

2006 年

1 月 1 日，受聘《生物医学工程学杂志》第四届编辑委员会顾问编辑。

1 月，教育部批准四川大学力学学科为一级学科博士学位授权点。

2007 年

9 月，四川大学设立力学博士后流动站。

9 月，四川大学固体力学专业被批准为国家级重点学科。

11 月，担任民盟第十届中央委员会名誉副主席。

2008 年

4 月,在全国第七届生物医学工程大会上被授予生物医学工程学会荣誉会员称号。

2009 年

5 月 31 日,四川省科学技术协会为纪念其即将到来的九十寿辰,编印大型画册《公仆本色、学人风貌:贺康振黄教授九十寿辰》,展示其人生历程和成就。时任省科协主席、四川大学校长谢和平院士为画册作序,高度评价其"执着追求,勇攀高峰,无私奉献,甘为人梯"的崇高精神。

是年,为了保留住中国大陆在由当今世界二十几位顶尖级生物力学家组成的世界生物力学学会理事会中的席位,其不顾近九十岁高龄前往加拿大,看到自己开创的事业后继有人,他十分欣慰。

2010 年

5 月 31 日,民盟四川省委在成都市金地饭店召开座谈会,庆贺其九十寿辰。

是年,获得四川省人民政府颁发的"有特殊贡献专家"称号。

2012 年

11 月,担任民盟第十一届中央委员会名誉副主席,至年底卸任。

是年,对其几十年科研工作进行了比较深刻的思考和系统总结,概括了四个方面的体会:①搞科研工作,要有一个开放的环境和心态;②科研工作要有不断跨越学科边界的要求;③友善的合作伙伴,对科研工作来说,是必不可少的条件;④对于工程科学的研究来说,数理科学基础的不断充实与发展,是十分必要的。

2018 年

12 月 5 日,逝世于成都。

附录二　主要著作目录

［1］康振黄. 飞机翼面的飘动研究. 中国工程师学会年会，1947.

［2］康振黄，译. 火箭飞行的数学原理. 科学出版社，1959.

［3］康振黄. 涡流转速传感器的流场分析和设计研究：成都工学院学报，1977（1）.

［4］康振黄. 流体技术发展的回顾与展望：成都科技大学学报，1982（2）.

［5］康振黄. 生物医学工程与生物力学. 大自然探索，1982（11）.

［6］Z. H. Kang. On the Design of Cardiac Valve Prothesis with Bileaflet of Cambered Pro Filr. Hemoperfusion and Artificial Organs, China Academic Publishers, 1983.

［7］康振黄，等. 航空航天的生物医学工程问题. 航空与航天，1983（4）.

［8］康振黄，等译. 心血管血液流变学. 计量出版社，1984.

［9］Kang Zhenhuang. Some recent studies on the Dynamics of Cardiac Value Prosthesis.

［10］Z. H. Kang. Biomechanics in China, Japan and USA. Science Press, 1984.

［11］Z. H. Kang. Fluid Mechanics of Artificial Heart Valves.In Symposium on Frontiers in Applied Mechanics and Biomechanics. UCSD.U.S.A, 1984.

[12] 康振黄. 关于生物力学发展的一些展望：生物技术与微生物力学. 生物医学工程学杂志，1984（1）.

[13] 康振黄. 血流动力学. 百科知识，1985（1）.

[14] F. M. Tang, Z. H. Kang. Fluidic Sprinkler for Irrigation with Stepwise Rotation. Proceedings of the International Symposium on Fluid Control and Measurement, Tokyo, 1985.

[15] 康振黄，等译. 连续介质力学引论. 四川科学技术出版社，1985.

[16] Z. H. Kang. Swirling Jet Rate Sensor and Its Flow Field. Proceedings of the International Symposium on Fluid Control and Measurement, Tokyo, 1985.

[17] 康振黄. 人工心瓣流体力学的近期研究. 大自然探索，1985（11）.

[18] S. Q. Zhou, S. B. Giang, Z. H. Kang. Fluidic Fatigue Testing Machine for Prosthetic Heart Valve. Proceedings of the International Symposium on Fluid Control and Measurement, Tokyo, 1985.

[19] Z. H. Kang. Fluid Mechanics in Cardiovascular Research-Cardiac Valve Folw Dynamics, Fifth Meeting of the European Society of Biomechanics, Berlin (West), Germany, PROGRAM, 1986.

[20] 康振黄，雷明. 人工心瓣的生物力学. 生物力学（创刊号），1986.

[21] 康振黄，等译. 流体力学实验教程. 计量出版社，1986.

[22] Lei Ming, Z. H. Kang. Study of the Closing Mechanism of Natural Heart Valves. Applied Mathematics and Mechanics (English Edition), 1986 (10).

[23] Z. H. Kang, Lei Ming. Compartive in-vitro pulsatile flow tests of bi-leaflet valve with cambered profile. Proceedings of Beijing satellite symposium of the 8th. International Congress of Biorheology, Peking University Press, 1988 (18).

[24] 康振黄. 中国医学百科全书·生物医学工程学·生物力学. 上海科学技术出版社，1989.

[25] Z. H. Kang, Lei Ming. Some Challenging Problems of Cardiac Valve

Flow Dynamics. Progress and New Directions of Biomechanics, Mita press, Tokyo, 1989.

[26] 康振黄. 力学词典·生物力学. 中国大百科全书出版社, 1990.

[27] Z. H. Kang. On Cardiac Valve Flow Dynamics. Proceedings of Third U.S.A.-China-Japan Conference On Biomechanics, G.I.T, Atlanta Georgia, 1991.

[28] 康振黄. 心瓣流体力学. 四川教育出版社, 1991.

[29] Z. H. Kang, Lei Ming. Development of a new mechanical artificial heart valve-bileaflet with cambered profile (BLCV). 7th. International Conference on Biomedical Engineering Proceedings National University of Singapore, 1992.

[30] Z. H. Kang. On cardiac valve flow dynamics.// A. Morecki. Biomechanics: Mechanics of Blood Circulation. ICB warsaw, 1992.

[31] 樊瑜波, 陈君楷, 康振黄, 袁支润. 一种改进的动脉系统计算机模拟方法 // 计算力学的理论与应用. 科学出版社, 1992.

[32] Z. H. Kang. An improved computer model of human arterial system// Atlueiesl.Computational Mechanics '92 Theory and Applications. Technology Publications Atlanta.

[33] 樊瑜波, 陈君楷, 康振黄, 袁支润. 改进的体动脉系统计算机模型 // 中国科协首届青年学术会议四川卫星会议文集（上）. 成都科技大学出版社, 1992.

[34] Z. H. Kang. Reconstruction of the pressure and flow waves at the resilient aortic root during in-vitro pulsatile flow testing of artificial heart valves. 7th.International Conference on BME, Singapore, 1992.

[35] Chen Chen, Kang Zheng-huang. Experimental approach to study the fatigue behavior of xenograft heart. proceeding of Beijing satellite symposium of the 8th. Int. Congress of Biorhelolgy. Peking University Press, 1992.

[36] 康振黄. 当前世界科技发展动态及对策 // 转变年代的科学. 四川科学技术出版社, 1992.

[37] 康振黄，刘群. 心肌动力学研究的现状分析与发展展望. 大自然探索，1992（11）.

[38] Y. B. Fan, Z. H. Kang, J. K. Chen. Experimental and Numerical Studies of Steady Turbulent Flow Field of Artificial Bileaflet Heart Valve with Cambered Profile. Chinese Journal of Biomedical Engineering（English Edition），1992（1）.

[39] 康振黄. 关于力学. 大自然探索，1993（12）.

[40] 康振黄，陈君楷，袁支润，樊瑜波，刘群. 一种新型人工心瓣：双叶翼型瓣的开发研究. 中国生物医学工程学报，1993（12）.

[41] 樊瑜波，陈君楷，康振黄，等. 人工心瓣脉动流试验中，主动脉根部压力、流量波形重建的实验研究. 生物医学工程杂志学，1994（3）.

[42] Z. H. Kang. The Prediction of Prosthetic Value Orifice Area. Proceedings of HongKong 1994 Internatioal Conference on Biomedical Engineering, HongKong, 1994.

[43] 康振黄，译. 当代世界领先的工程科学大师们. 四川科学技术出版社，2008.

参考文献

[1] 董维. 带研究生的副省长. 中国青年报, 1986.

[2] 季扬. 严于律己为国争光. 四川外事, 1986（5）.

[3] 生物医学工程——新学科、新产业. 瞭望, 1987（31）.

[4] 章邦鼎. 让力学和医学撞出火花的人 // 四川科技精英. 四川科学技术出版社, 1990.

[5] 钱令希. 中国力学学会第二届理事会工作总结. 力学进展, 1987（1）.

[6] 中国科学技术协会. 康振黄 // 中国科学技术专家传略. 中国科学技术出版社, 1993.

[7] 四川省科学技术协会. 公仆本色、学人风貌：贺康振黄教授九十寿辰. 2009.

[8] 杨桂通, 岑人经. 第三届全国生物力学学术会议论文集. 华南理工大学出版社, 1990.

[9] 康振黄. 关于人工心脏瓣膜动力学的近期研究. 中、日、美国际生物力学学术会议, 1983.

[10] 康振黄. 生物医学工程与生物力学. 大自然探索. 1982（1）.

[11] 康振黄. 当前世界科技发展动态及对策 // 转变年代的科学：当代科学技术述评与展望. 四川科学技术出版社, 1992.

[12] 康振黄. 点燃为人民服务的心灵火花. 四川统一战线, 1998（8）.

[13] 郑哲敏. 20世纪中国知名科学家学术成就概览. 力学卷. 第一分册 / 康振黄, 北京：科学技术出版社, 2014.

后 记

2014年6月,著名生物力学专家康振黄学术成长资料采集小组成立,并将撰写传记的任务交给我们,感到压力很大。康振黄学术水平很高,潜心钻研航空工程、流体力学、生物力学等,几十年勤奋耕耘,为开拓我国生物力学学科的发展作出了重要贡献。如何将他学习成长道路和学术思想总结、提炼出来是一件很艰难的事情。我们通过学习认识到,老科学家是共和国科技发展历史的活档案,他们的学术成长本身就是中华人民共和国科技发展的重要组成部分,认真做好老科学家学术成长资料的采集对于弘扬我国科技工作者求真务实、无私奉献的精神,在全社会营造爱科学、学科学、用科学的社会文化氛围,激励广大科技工作者的创新热情和活力,为实施人才强国战略、建设创新型国家,实现中华民族伟大复兴具有重要意义。

中国科学技术的发展和取得的成绩与康振黄等老科学家的奉献精神、勇攀高峰的创新精神紧密相连,他们的经验值得总结,他们的精神值得弘扬,他们的专业技术更亟待传承与发扬。通过老科学家学术成长资料采集工程,不仅能把老科学家学术成长历史的重要资料抢救、保存下来,更重要的是弘扬老科学家爱国敬业、艰苦创业、开拓进取、勇攀高峰的精神,激励年轻科技工作者不畏艰难,勇往直前。

通过整理康振黄的学术成长资料，我们梳理了他从1949年学成归国以来，在学术道路上的艰难探索历程和取得的成果，使命与责任给予我们做好这项工作信心与动力。

思想认识上的提高，为老科学家采集工程的完成奠定了思想基础。为不辜负大家的信任，我们全力以赴，迎难而上，认真研读康振黄的档案材料、访谈录音整理、收集消化康振黄学术成长有关素材，并查阅大量有关文献资料、生物力学及有关方面的网站等，从中获取了许多宝贵材料，对我们理清撰写传记思路提供了帮助。

在康振黄学术成长资料采集过程中，康振黄与其子女及同事同我们密切配合，提供很多有价值的资料和照片，以及访谈素材。

本传记能按中国科协老科学家学术成长资料采集工程项目办公室要求按时完成，是众多人积极参与共同努力的结果。

在传记撰写中，我们查阅、参考了大量的文献资料、网站、专著及报刊中的文字资料，加之康振黄的同事、亲友等相关人员积极配合访谈，进一步丰富了撰写素材，在此对原文作者、刊物及网站编辑表示感谢，对支持参与康振黄学术成长资料采集的有关部门和人员表示衷心感谢。

由于我们的水平有限，对采集资料的把握和处理上可能不够准确，也可能有误，敬请谅解并批评指正。

老科学家学术成长资料采集工程丛书
已出版（110种）

《卷舒开合任天真：何泽慧传》　　　《此生情怀寄树草：张宏达传》
《从红壤到黄土：朱显谟传》　　　　《梦里麦田是金黄：庄巧生传》
《山水人生：陈梦熊传》　　　　　　《大音希声：应崇福传》
《做一辈子研究生：林为干传》　　　《寻找地层深处的光：田在艺传》
《剑指苍穹：陈士橹传》　　　　　　《举重若重：徐光宪传》

《情系山河：张光斗传》　　　　　　《魂牵心系原子梦：钱三强传》
《金霉素·牛棚·生物固氮：沈善炯传》《往事皆烟：朱尊权传》
《胸怀大气：陶诗言传》　　　　　　《智者乐水：林秉南传》
《本然化成：谢毓元传》　　　　　　《远望情怀：许学彦传》
《一个共产党员的数学人生：谷超豪传》《没有盲区的天空：王越传》

《含章可贞：秦含章传》　　　　　　《行有则　知无涯：罗沛霖传》
《精业济群：彭司勋传》　　　　　　《为了孩子的明天：张金哲传》
《肝胆相照：吴孟超传》　　　　　　《梦想成真：张树政传》
《新青胜蓝惟所盼：陆婉珍传》　　　《情系梁菽：卢良恕传》
《核动力道路上的垦荒牛：彭士禄传》《笺草释木六十年：王文采传》

《探赜索隐　止于至善：蔡启瑞传》　《妙手生花：张涤生传》
《碧空丹心：李敏华传》　　　　　　《硅芯筑梦：王守武传》
《仁术宏愿：盛志勇传》　　　　　　《云卷云舒：黄士松传》
《踏遍青山矿业新：裴荣富传》　　　《让核技术接地气：陈子元传》
《求索军事医学之路：程天民传》　　《论文写在大地上：徐锦堂传》

《一心向学：陈清如传》　　　　　　《钤记：张兴钤传》
《许身为国最难忘：陈能宽》　　　　《寻找沃土：赵其国传》

《钢锁苍龙　霸贯九州：方秦汉传》
《一丝一世界：郁铭芳传》
《宏才大略：严东生传》
《我的气象生涯：陈学溶百岁自述》
《赤子丹心 中华之光：王大珩传》
《根深方叶茂：唐有祺传》
《大爱化作田间行：余松烈传》
《格致桃李伴公卿：沈克琦传》
《躬行出真知：王守觉传》
《草原之子：李博传》

《虚怀若谷：黄维垣传》
《乐在图书山水间：常印佛传》
《碧水丹心：刘建康传》
《我的教育人生：申泮文百岁自述》
《阡陌舞者：曾德超传》
《妙手握奇珠：张丽珠传》
《追求卓越：郭慕孙传》
《走向奥维耶多：谢学锦传》
《绚丽多彩的光谱人生：黄本立传》

《宏才大略 科学人生：严东生传》
《航空报国 杏坛追梦：范绪箕传》
《聚变情怀终不改：李正武传》
《真善合美：蒋锡夔传》
《治水殆与禹同功：文伏波传》
《用生命谱写蓝色梦想：张炳炎传》
《远古生命的守望者：李星学传》

《探究河口 巡研海岸：陈吉余传》
《胰岛素探秘者：张友尚传》
《一个人与一个系科：于同隐传》
《究脑穷源探细胞：陈宜张传》
《星剑光芒射斗牛：赵伊君传》
《蓝天事业的垦荒人：屠基达传》

《善度事理的世纪师者：袁文伯传》
《"齿"生无悔：王翰章传》
《慢病毒疫苗的开拓者：沈荣显传》
《殚思求火种　深情寄木铎：黄祖洽传》
《合成之美：戴立信传》
《誓言无声铸重器：黄旭华传》
《水运人生：刘济舟传》
《在断了A弦的琴上奏出多复变
　　最强音：陆启铿传》
《弄潮儿向涛头立：张乾二传》

《化作春泥：吴浩青传》
《低温王国拓荒人：洪朝生传》
《苍穹大业赤子心：梁思礼传》
《仁者医心：陈灏珠传》
《神乎其经：池志强传》
《种质资源总是情：董玉琛传》
《当油气遇见光明：翟光明传》
《微纳世界中国芯：李志坚传》
《至纯至强之光：高伯龙传》
《材料人生：涂铭旌传》

《一爆惊世建荣功：王方定传》
《轮轨丹心：沈志云传》
《继承与创新：五二三任务与青蒿素研发》

《淡泊致远　求真务实：郑维敏传》
《情系化学　返璞归真：徐晓白传》
《经纬乾坤：叶叔华传》
《山石磊落自成岩：王德滋传》
《但求深精新：陆熙炎传》
《聚焦星空：潘君骅传》

《寻梦衣被天下：梅自强传》
《海潮逐浪镜水周回：童秉纲口述人生》

《采数学之美为吾美：周毓麟传》
《神经药理学王国的"夸父"：金国章传》
《情系生物膜：杨福愉传》
《敬事而信：熊远著传》